विनायक दामोदर सावरकर

विनायक दामोदर सावरकर

रघुवेंद्र तंवर

प्रकाशक • **प्रभात प्रकाशन प्रा. लि.**
4/19 आसफ अली रोड,
नई दिल्ली–110002

संस्करण • 2025
मूल्य • दो सौ पचास रुपए
मुद्रक • आर–टेक ऑफसेट प्रिंटर्स, दिल्ली

VINAYAK DAMODAR SAVARKAR
Ed. Shri Raghuvendra Tanwar ₹ 250.00
Published by Prabhat Prakashan Pvt. Ltd., 4/19 Asaf Ali Road, New Delhi-2
e-mail: prabhatbooks@gmail.com ISBN 978-93-5186-890-3

आमुख

विनायक दामोदर सावरकर का परिचय यदि किसी से करवाना हो तो कोई किस प्रकार करवा सकता है ? 1950 में सावरकर की जीवनी के लेखक धनंजय कीर ने अपनी प्रस्तावना में लिखा है, "न ही स्वातंत्र्यवीर को और न ही उनकी जीवनगाथा को भारतीय जनता के समक्ष किसी परिचय की आवश्यकता है।" कीर के पहले इस रोचक अध्ययन की कई हजार प्रतियाँ बिक चुकी थीं और अक्तूबर 1966 में इसका दूसरा संस्करण प्रकाशित हुआ था। नि:संदेह सावरकर उस समय इस दुनिया में नहीं थे क्योंकि 26 फरवरी, 1966 को उनका निधन हो चुका था। द्वितीय संस्करण की प्रस्तावना में कीर ने एक बात और जोड़ी, "सावरकर का जीवन इस गलत धारणा को भी दूर करता है कि भारत के स्वतंत्रता आंदोलन का आरंभ गांधी और नेहरू के साथ हुआ था।"[1] कीर ने उनके जीवन को एक रोमांचक, गाथामय और ज्वालामुखी के रूप में वर्णित किया है।

28 फरवरी, 1966 को अखबार, *द ट्रिब्यून* ने सावरकर को श्रद्धांजलि अर्पित करते हुए संपादकीय में लिखा—

> अपने गिरते स्वास्थ्य और साथ ही बढ़ती उम्र के कारण पिछले कुछ वर्षों से सावरकर खबरों में नहीं थे। इस कारण, सदी के शुरुआती वर्षों में भारत को स्वतंत्र कराने के लिए उनके द्वारा निभाई गई शौर्यपूर्ण भूमिका के विषय में नई

पीढ़ी शायद जान नहीं पाएगी… कि वे जन्मजात क्रांतिकारी थे… कि भारत के आरंभिक नेता किस मिट्टी के बने थे… एक-एक करके वे सभी जा चुके थे… भारतीयों की वर्तमान पीढ़ी उनकी यादों को सहेज कर रखने से बेहतर शायद ही कुछ और कर सकती है।

कीर का उपरोक्त अवलोकन इसलिए भी महत्त्वपूर्ण है क्योंकि उस समय इस विचार को आगे बढ़ाया जा रहा था कि स्वतंत्रता आंदोलन में कुछ नेताओं को तो विस्तृत संदर्भो के योग्य माना जाए और कुछ को भुला दिया जाए। इसका एक परिणाम यह निकला कि स्वतंत्रता संघर्ष के आरंभिक वर्षों में जिन अनेकों पुरुषों और महिलाओं ने महत्त्वपूर्ण भूमिका अदा की थी, उनको इतिहास के पन्नों से बाहर कर दिया गया। स्पष्ट रूप से इस सुनियोजित प्रवृत्ति का प्रभाव बड़े पैमाने पर दुष्परिणामकारी रहा। इसका परिणाम और भी भयंकर रूप में सामने आया, क्योंकि भारत के स्वतंत्रता संघर्ष को पढ़ने की यह प्रवृत्ति मुख्य बोर्ड जैसे कि सी.बी.एस.ई (CBSE) द्वारा स्कूलों और कॉलेजों में पढ़ाई जानेवाली पुस्तकों में स्पष्ट रूप से देखने को मिलती है। इसका एक परिणाम यह भी रहा कि विद्यार्थियों की अनेकों पीढ़ियाँ बहुत से महान् पुरुषों और महिलाओं के योगदान से अनभिज्ञ रहते हुए बड़ी हुईं। इसकी सूची बहुत लंबी हो सकती है पर हम यहाँ पर एक उदाहरण लेते हैं।

एन.सी.ई.आर.टी. (NCERT) ने 1978 में 'सभ्यता की कहानी' पुस्तक को माध्यमिक स्कूलों के लिए पाठ्यपुस्तक के रूप में प्रकाशित किया। इसका भाग-2 कक्षा दसवीं के विद्यार्थियों के लिए लगाया गया। यह कक्षा, भारत में विद्यार्थी जीवन का एक प्रमुख चरण मानी जाती है। इस अंक के पाठ-15 का शीर्षक है—'भारत का स्वतंत्रता संघर्ष' इस पाठ में नेहरू की छह फोटो के साथ उनका 25 बार संदर्भ दिया गया है। महात्मा गांधी का नाम 17 बार आता है और उनकी दो फोटो है।

सुभाषचंद्र बोस का नाम एक फोटो के साथ छह बार वर्णित किया गया है। बालगंगाधर तिलक का नाम बिना फोटो के तीन बार आता है। अन्य बहुत से नेताओं की तरह सावरकर के नाम का एक बार भी जिक्र नहीं किया गया है। यह मुख्यधारा का इतिहास या यह कहें कि मुख्यधारा के रूप में दिखाया जानेवाला इतिहास सावरकर के प्रति अन्यायपूर्ण और दयाहीन है जैसा कि आगे आनेवाले पृष्ठों में संक्षेप रूप में दिखाने का प्रयास किया गया है।

विनायक दामोदर सावरकर एक ऐसा नाम है, जो भारत के स्वतंत्रता संग्राम की कहानी का एक अभिन्न अंग है। उनकी भूमिका कुछ इस प्रकार की है कि सावरकर के बारे में विस्तार से पढ़े बिना महान् भारतीय क्रांतिकारियों के इतिहास को पढ़ना असंभव है। उसी प्रकार, उदाहरण के लिए यदि कोई महाराष्ट्र में समाज सुधार आंदोलन के इतिहास को पढ़ना चाहता है तो महात्मा फूले या भीमराव अंबेडकर की पृष्ठभूमि के न होते हुए भी सावरकर उसी शृंखला का एक हिस्सा प्रतीत होते हैं। अपने संपूर्ण जीवनकाल में हर कदम पर वे जातिप्रथा जैसी सामाजिक बुराई के अवरोधों से लड़ते रहे। सावरकर संपूर्ण यथार्थवादी थे और उन्होंने हर उस चीज का डटकर विरोध किया, जो किसी भी अंधविश्वास को स्वीकार करने से उत्पन्न हुई हो। उन्होंने भारतीय संस्कृति, कला, साहित्य की ऐतिहासिक विरासत पर गर्व का अनुभव किया। फिर भी वे प्राचीन ग्रंथों के लिखित विषयों को भी विज्ञान और तर्क की कसौटी पर परखना चाहते थे।

सावरकर पहले ऐसे भारतीय थे, जिन्हें सरकारी मान्यता प्राप्त विद्यालय से निष्कासित किया गया था। वे ऐसे पहले भारतीय थे, जिन्होंने विदेशी कपड़ों को जलाया था, पूरी दुनिया को यह बताने वाले भी पहले भारतीय थे कि औपनिवेशिक शासन को नष्ट करने के लिए भारत अंत तक लड़ेगा। शायद लोकमान्य तिलक और कुछ मुट्ठी भर महान् क्रांतिकारियों के अलावा किसी अन्य भारतीय को कारावास की इतनी कठोर यातना सहन नहीं

करनी पड़ी, जितनी कि सावरकर ने सहन की थी। अंडमान की कुख्यात जेल की यातनाओं के बारे में उस समय ऐसा कहा जाता था कि अंडमान की जेल के छह महीने की यातना, भारत की मुख्य भूमि की ब्रिटिश जेल के दस वर्षों से भी अधिक बुरे और कठोर यातना वाले होते थे। सावरकर अंडमान जेल में 10 वर्षों तक रहे।

इतिहास लेखन की एक विशेष शैली के इतिहास लेखकों द्वारा अधिकतर ऐसा भ्रम फैलाने का प्रयास किया गया कि मानो सावरकर सांप्रदायिक विचारधारा के थे; उन्होंने एक विशेष समुदाय के प्रति घृणा का प्रचार किया; उन्होंने ऐसे भारत का प्रचार किया, जो मुख्य रूप से हिंदुओं के लिए ही हो। लेकिन सच्चाई तो यह है कि हिंदू-मुस्लिम संबंधों को वे बहुत महत्त्वपूर्ण मानते थे। इस मुद्दे पर यदि सावरकर के मन को समझना हो कि उनके राजनैतिक दर्शन पर किसी के व्यक्तिगत धार्मिक विश्वास का किसी प्रकार से कोई प्रभाव नहीं है और यदि इसकी अनुशंसा करनी है तो उनकी पुस्तक 'भारत का स्वतंत्रता संग्राम-1857' को पढ़ना चाहिए।

यदि सावरकर ने ब्रिटिश सरकार या कुछ अल्पसंख्यक वर्गों के लिए कठोर शब्दों का प्रयोग किया तो यह उनके धार्मिक विश्वास के कारण नहीं था। उनकी एकमात्र चिंता अलगाववाद की प्रवृत्तियों को लेकर थी। वे तो ऐसे भारत में विश्वास रखते थे, जिसका विस्तार सिंधु नदी से हिंद महासागर तक हो। कोई ऐसी छोटी-से-छोटी चीज भी, जिसमें उन्हें अपनी प्राकृतिक मातृभूमि को खंडित करने की संभावना नजर आती थी, उन्हें स्वीकार्य नहीं थी।

उन्होंने भविष्य की इस चेतावनी को सत्य साबित होते देखा। भारत धर्म के आधार पर विभाजित हो गया। इस विभाजन और इससे पूर्व के राजनैतिक घटनाक्रम की वजह से सावरकर का उन लोगों के प्रति मतभेद और गहरा हो गया, जिन्होंने भारत के विभाजन का विरोध नहीं किया

था। सावरकर समाज के किसी भी वर्ग के तुष्टिकरण के खिलाफ थे। यह पूर्णरूप से गलत अवधारणा है कि वे 'हिंदुस्तान' को केवल हिंदुओं के लिए ही देखते थे। इसके विपरीत वे तो अल्पसंख्यकों के धर्म, संस्कृति और भाषा के संरक्षण की कॉमना करते थे।

सावरकर को समझने के लिए यह समझना अति आवश्यक है कि वे हिंदू धर्म, हिंदू और हिंदुत्व में अंतर समझते थे। जब वे यह कहते थे कि हिंदुस्तान हिंदुओं की मातृभूमि है तो उनका कहने का मतलब सिर्फ इतना था कि यह उसी प्रकार है, जिस प्रकार जर्मनी जर्मन लोगों की और जापान जापानियों की मातृभूमि है।

हिंदू बहुसंख्यक–अत्यधिक बहुसंख्यक थे। इसे हिंदुओं की मातृभूमि या हिंदुस्तान के नाम से पुकारना कहाँ गलत था? उनका यह कतई मतलब नहीं था कि हिंदुस्तान में अल्पसंख्यकों के लिए कोई स्थान नहीं होगा। क्या अन्य बहुत से देश वहाँ रहने वाले बहुसंख्यक समुदायों के नाम से नहीं जाने जाते हैं?

सावरकर का राजनैतिक दर्शन अपनी 'मातृभूमि' जिस शब्द का वे प्राय: प्रयोग करते थे, उसकी अखंडता, एकता और ताकत के साधारण से सिद्धांत पर आधारित था। इस उद्देश्य की पूर्ति के लिए वे बहुसंख्यक हों या अल्पसंख्यक, सभी नागरिकों से पूर्ण समर्पण की उम्मीद करते थे। उनके लिए उन लोगों पर अविश्वास करना स्वाभाविक था, जो भारत के विभाजन के द्वारा बनाई जाने वाली अलग मातृभूमि की बात करते थे। संयुक्त भारत के लिए प्रमुख खतरा पहली बार मुस्लिम लीग के रूप में सामने आया जिसने सावरकर के मन में मुस्लिम जनसंख्या के प्रति अविश्वास की नींव रखी।

उन्होंने भारत के विभाजन की अवधारणा को, जिसे ब्रिटिश शासन से स्वतंत्रता पाने का एकमात्र रास्ता माना जा रहा था, अस्वीकार कर दिया। उनके अनुसार धर्म के आधार पर देश का विभाजन कोई सही चुनाव नहीं

था। इसे मानना तो दूर की बात, इसके बारे में सोचना भी नहीं चाहिए। समय के साथ उन्होंने काफी हद तक समझौता कर लिया था परंतु वे उन लोगों को न तो कभी भुला पाए थे और न ही कभी क्षमा कर पाए थे, जिन्होंने उनकी मातृभूमि का विभाजन होने दिया था। इस बात से उनका जवाहरलाल नेहरू, महात्मा गांधी और स्वयं कांग्रेस के साथ मतभेद स्पष्ट दिखाई देता है।

उन लोगों के लिए, जो लंबे समय तक इस धारणा के साथ जीते रहे हैं कि सावरकर अल्पसंख्यकों के प्रति अविश्वास का भाव रखते थे या वे ऐसे देश की कल्पना करते थे, जिसमें अल्पसंख्यकों के लिए कोई स्थान नहीं था तो उनके लिए ऐसे विषयों पर सावरकर द्वारा लिखे गए लेखों को पढ़ना आश्चर्यजनक होगा। उनके लेखों के कुछ अंश यहाँ सम्मिलित किए गए हैं।

वे किसी भी प्रकार के रोपित प्रचार से घृणा करते थे। यह जानना भी आश्चर्यजनक होगा कि फरवरी 1966 में जब सावरकर का निधन हुआ था, तब तक भी उनकी उस पैतृक संपति को लौटाया नहीं गया था, जिसे उनके दो बार आजीवन कारावास (1910–1911) के दौरान ब्रिटिश सरकार द्वारा जब्त कर लिया गया था। उनका निःस्वार्थ समर्पण और सार्वजनिक जीवन से उनका गहरा संबंध आज के राजनैतिक नेताओं के लिए क्षुब्ध कर देने वाला होगा। अपने जीवन के अंतिम वर्षों में सावरकर ने महाराष्ट्र सरकार द्वारा मिलने वाले 300 रुपए प्रतिमाह के भत्ते पर अपना व अपने परिवार का गुजारा किया। उनकी मृत्यु से कुछ महीने पहले ही तत्कालीन गृह मंत्री गुलजारी लाल नंदा जो स्वयं सादगी की एक मिसाल थे, उन्होंने इस बात की आवश्यकता को महसूस किया कि गंभीर रूप से बीमार सावरकर की देखभाल के लिए 1000 रुपए महीना राशि भेजी जानी चाहिए। सावरकर के परिवार को यह राशि किस्तों में प्राप्त हुई।

यदि कोई सावरकर की बौद्धिक क्षमता, उनके जीवन और उनके

कार्यों को ठीक प्रकार से समझना चाहता है तो उनके द्वारा लिखे महत्त्वपूर्ण लेखों को पढ़ना आवश्यक होगा। उन्होंने 24 वर्ष की अल्पायु में ही 1906-07 में 526 पृष्ठों वाली पुस्तक *इंडियन वार ऑफ इंडिपडेंस (Indian War of Independence)* लिखी। तत्पश्चात उन्होंने *हिंदू पद-पादशाही (Hindu Pad-Padashahi), हिंदू राष्ट्रीय दर्शन (Hindu Rashtriya Darshan), एशेंशियल्स ऑफ हिंदुत्व (Essentials of Hindutva)* और निःसंदेह *माई ट्रंसपोर्टेशन फोर लाईफ* (545 पृष्ठ) *(My Transportation for Life)* लिखी। उन्होंने अधिकतर मराठी भाषा में लिखा और समाचार-पत्रों के लिए भी लिखा। उनका *लेटर्स फ्राम अंडमान (Letters From Andaman)* एक कालजयी रचना है। फिर *इपोच फॉम इंडियन हिस्टरी (Epochs from Indian History), डेडिकेशन टू र्मांटियस, (Dedication to Martyrs of 1857)* भी महत्त्वपूर्ण हैं। वे सिख गुरुओं के बहुत बड़े प्रशंसक थे और उन्होंने 'आदि *ग्रंथ', 'पंथ प्रकाश', 'विचित्र नाटक'* को पढ़ने के लिए गुरुमुखी लिपि को पढ़ना सीखा। लगभग उसी समय उन्होंने इटली के एकीकरण के महानायक मैजिनी की आत्मकथा का मराठी भाषा में अनुवाद किया।

काश उनकी पूरी कहानी या उसके एक छोटे से अंश की भी गिनती की जा सकती। सावरकर को 23 दिसंबर, 1910 को आजीवन निर्वासन की सजा सुनाई गई। 4 जुलाई, 1911 से 2 मई, 1921 तक सावरकर को पहली बार अंडमान द्वीप की खतरनाक सेल्यूलर जेल की सजा भुगतनी पड़ी। सेल्यूलर जेल से वापस आने पर उन्हें रत्नागिरी और यरवदा की जेल में भेज दिया गया और 6 जनवरी, 1924 को छोड़ दिया गया। उन्हें स्वतंत्र भारत में भी दो बार सजा भुगतनी पड़ी। एक बार 5 फरवरी, 1948 से 10 फरवरी, 1949 तक और फिर दूसरी बार 4 अप्रैल, 1950 से 13 जुलाई, 1950 तक। अंडमान जेल में उन्हें छह महीने तक अँधेरी कोठरी में बंद करके रखा गया; एक-एक महीने के लिए तीन बार एकांतवास

की सजा दी गई; सात-सात दिन के लिए दो बार हथकड़ियाँ पहनाकर दीवार के साथ लटकाकर रखा गया; चार महीनों के लिए जंजीरों से बाँधकर रखा गया और दस दिनों के लिए सलाखों के पीछे रखा गया।

ऐसा कैसे संभव है कि कोई व्यक्ति जिसे इतने कठोर कारावास की यातनाओं को झेलना पड़ा, उसका मुख्यधारा के कथित इतिहास में जिक्र भी दुर्लभ है। यह शायद संयोग मात्र ही है कि अनेकों ऐसे नामों को इतिहास के पन्नों से बाहर कर दिया गया है जिनका अपने जीवनकाल में भारतीय कांग्रेस और इसके प्रमुख नेताओं से राजनैतिक और वैचारिक मतभेद रहा था। ऐसे अनेक महापुरुषों और महिलाओं को राजनैतिक खतरे के रूप में देखा गया था।

इस एक विषयक निबंध का उद्देश्य सावरकर की विस्तृत जीवनी का अध्ययन कतई नहीं है। इसका उद्देश्य तो केवल मुख्य तौर पर सावरकर के विचारों, उनके रोमांचक जीवन, भारत की स्वतंत्रता के लिए उनके अतुलनीय योगदान से पाठक को परिचित करवाना है। यह विवरण नि:संदेह रूप से सावरकर के लेखों पर आधारित है, जैसा कि उनकी संग्रहित रचनाओं और कुछ जीवनियों में उपलब्ध है, मुख्य रूप से धनंजय कीर द्वारा लिखी जीवनी, जिसका पहला संस्करण 1950 में और दूसरा संस्करण 1966 में प्रकाशित हुआ था। सावरकर के निजी लेखों, अनेकों अन्य अध्ययनों, रिपोर्टों और समाचार-पत्रों के संस्करणों को इस अध्ययन के लिए स्रोत के रूप में लिया गया है।

सावरकर जैसे व्यक्तित्व के इतने नाटकीय और घटनापरक जीवन के सार को सीमित पृष्ठों में समेटना आसान काम नहीं है। कुछ लोग शायद यह कह सकते हैं कि बहुत सी बातें छूट गई हैं या यह विवरण कुछ-कुछ एक तरफा है। हाँ शायद यह सही भी है, लेकिन सच्चाई तो यह है कि सावरकर और उनके कार्यों को वास्तविकता से अधिक बढ़ा-चढ़ाकर दिखाने के लिए अतिरिक्त प्रयास नहीं किया गया है। इसके विपरीत

जो कुछ तथ्यों की पर्याप्त पुष्टि करने वाला हो तथा सावरकर की प्रशंसा करने वाला है उसे नजरअंदाज कर दिया गया है।

अब कुछ शब्द कि इस विवरण को क्यों लिखा गया। इस विचार का जन्म शायद प्रिंट और इलेक्ट्रॉनिक मीडिया के कुछ वर्गों में पिछले कुछ महीनों के दौरान होने वाली चर्चाओं और बयानवाजी के परिणामस्वरूप हुआ है। बहुत से ऐसे लोग, जो सावरकर पर बयानवाजी करते रहे हैं, वे सब उनके बारे में सतही समझ होने के कारण ऐसा करते रहे। इतिहास सावरकर के प्रति अन्यायपूर्ण रहा है और शायद इसका उद्देश्य भी स्पष्ट है। इस विवरण के पीछे का विचार केवल इतना है कि पाठक को इस महान् भारतीय से परिचित करवाया जाए, चाहे प्रारंभिक तौर पर क्यों न हो।

इस एकल विषयक विवरण को प्रकाशित करने के लिए मुझे भारतीय इतिहास संकलन योजना का धन्यवाद ज्ञापित करना चाहिए। मैं प्रो. सतीश चंद्र मित्तल, जो कुरुक्षेत्र विश्वविद्यालय, कुरुक्षेत्र में पूर्व प्रोफेसर रहे हैं तथा वर्तमान में अखिल भारतीय इतिहास संकलन योजना के राष्ट्रीय अध्यक्ष हैं, मेरे गुरु और पूर्व के सहकर्मी रहे हैं, के प्रति उनके मार्गदर्शन तथा उत्साहवर्धन के लिए आभार अभिव्यक्त करता हूँ। मैं अखिल भारतीय इतिहास संकलन योजना के राष्ट्रीय आयोजक सचिव श्री बालमुकुंद पांडे के प्रति भी उनके सब प्रकार से सहयोग के लिए आभार अभिव्यक्त करता हूँ। मैं विद्या भारती संस्कृति शिक्षा संस्थान कुरुक्षेत्र के निदेशक डॉ. रामेंद्र सिंह का उनके सहयोग हेतु धन्यवाद करता हूँ। श्रीमती सीमा गुप्ता का भी इस एकल विषयक विवरण का अंग्रेजी से हिंदी में अनुवाद करने में सहयोग के लिए धन्यवाद करना चाहता हूँ।

—रघुवेंद्र तंवर

सुगंधित, ढाँड रोड,
कुरुक्षेत्र-136119, हरियाणा (भारत)
इ-मेल : ragutanwar@gmail.com

अनुक्रम

1

आरंभिक जीवन और संघर्ष का प्रथम चरण

परिवार एवं बचपन

विनायक दामोदर सावरकर का जन्म 28 मई, 1883 को नासिक के निकट भागुर नामक गाँव में हुआ था। वे अपने पिता दामोदर पंत सावरकर के तीन बेटों और एक बेटी कुल चार संतानों में से एक थे। उस समय के हिसाब से उनका परिवार एक संपन्न परिवार था। उनके पिता उच्च शिक्षा प्राप्त थे और अंग्रेजी भाषा में धारा प्रवाह बोलने की क्षमता रखते थे। उनकी माता का नाम राधाबाई था।

दामोदर पंत में जो सबसे अलग गुण था, वह यह कि अंग्रेजी शिक्षा के साथ-साथ वह 'महाभारत' और 'रामायण' का पाठ भी कर सकते थे। वे प्राय: अपने बच्चों को शिवाजी, महाराणाप्रताप और अन्य ऐसे महापुरुषों और वीरांगनाओं की कहानियाँ सुनाते थे, जिन्होंने साहस, वीरता और सम्मान के उदाहरण प्रस्तुत किए थे। मजे की बात तो यह है कि विनायक को अपने पिता से 'इलियड' और 'होमर' जैसे लेखकों की कालजयी रचनाओं को सुनने का अवसर भी प्राप्त हुआ था। अत: स्पष्ट रूप से सावरकर का बचपन एक ऐसे पारिवारिक वातावरण में

व्यतीत हुआ, जो बौद्धिक दृष्टि से सम्पन्न था तथा जहाँ बच्चों को न केवल भारत वरन् पूरे विश्व की ऐतिहासिक और सांस्कृतिक विरासत के प्रति सद्भावना विकसित करने के लिए प्रोत्साहित किया जाता था। इसलिए आश्चर्य की बात नहीं है कि जब वे मात्र 10 वर्ष के थे तो पूना के प्रमुख समाचार-पत्र में उनकी एक कविता प्रकाशित हुई थी। एक अति उत्सुक पाठक के रूप में उनकी जीवनपर्यंत चलने वाली यह आदत किशोर अवस्था में ही विकसित हो गई थी।

सावरकर मुश्किल से दस वर्ष के होंगे, जब पहले आजमगढ़ और फिर बॉम्बे (मुंबई) (1893) में हुए हिंदू-मुस्लिम सांप्रदायिक दंगों की खबर उनके गाँव में पहुँची। इससे वे बहुत उदास और क्रोधित हो गए। उनकी जीवनी के लेखक (कीर) ने यह भी लिखा है कि जब वे छोटे बालक थे, तभी उन्होंने एक प्रतिशोधात्मक विरोध प्रदर्शन में हिस्सा लिया था।[2]

सावरकर की माता की 1898 में हैजे से और उसके अगले साल उनके पिता और चाचा की प्लेग से मृत्यु हो गई थी। बालक सावरकर के लिए यह हादसा असहनीय था। अपनी असाधारण सहनशीलता के कारण वे इस संकट से शीघ्र ही उबर गए। उन्हें भी चेचक के हमले को झेलना पड़ा और उनका भाई नारायण प्लेग के वार से जीवित बच गया। उस समय बॉम्बे प्रांत का पूरा क्षेत्र बहुत ही उथल-पुथल के दौर से गुजर रहा था। अकाल, प्लेग, अंग्रेजों का मनमानापन यह सब आम बात थी। लगभग इसी समय चापेकर बंधुओं ने ब्रिटिश प्लेग कमिश्नर रैंड और एक अन्य अधिकारी अयर्स्ट की 22 जून, 1897 को गोली मारकर हत्या कर दी। दामोदर पंत चापेकर ने 18 अप्रैल, 1898 को फाँसी के फंदे को चूम लिया। महान् बालगंगाधर तिलक को भी राजद्रोही लेख लिखने के आरोप में गिरफ्तार कर लिया गया। आने वाले वर्षों में सावरकर को तिलक के सबसे बड़े प्रशंसक और अनुयायियों में से एक बनने का गौरव प्राप्त हुआ।

अभिनव भारत

इस प्रकार के अति आवेश वाले राजनैतिक वातावरण में सावरकर ने 1899 में अपने उन मित्रों का एक छोटा सा समूह बनाया, जो भारत की स्वतंत्रता के प्रति समर्पित थे। उन्होंने गोपनीयता की शपथ ली और अपने आप को 'फ्रेडंस यूनियन' या 'मित्र मेला' के नाम से पुकारने लगे। 1904 में यही समूह 'अभिनव भारत' के नाम से जाना जाने लगा। जिस दिन 'अभिनव भारत' की स्थापना हुई उस दिन भावुकतापूर्ण और उत्तेजक माहौल में 200 से भी अधिक विद्यार्थी और अन्य लोग एकत्रित हुए। इस प्रकार के संगठन को बनाने की प्रेरणा कुछ आदर्श क्रांतिकारियों जैसे इटली के मैजिनी तथा रूस के गुप्त संगठनों से प्राप्त हुई। इसका प्रभाव मध्य और पश्चिमी भारत में तेजी से बढ़ने लगा और समय के साथ 'गदर पार्टी' के रूप में विश्व स्तर पर फैल गया। अभिनव भारत' का सबसे महत्त्वपूर्ण उद्देश्य था, किसी भी कीमत पर भारत की स्वतंत्रता, चाहे इसके लिए सशस्त्र विद्रोह ही क्यों न करना पड़े। यह उल्लेखनीय है कि उस समय सावरकर महज 20 वर्ष के थे। सावरकर के जीवन के इस मोड़ पर जो एक सबसे अलग बात थी वह यह कि वे जाति-पाति के भेदभाव को नहीं मानते थे। आने वाले वर्षों में *'अभिनव भारत'* के माध्यम से उस समय के बहुत से महान् क्रांतिकारियों और क्रांतिकारी कवियों का प्रादुर्भाव हुआ। इसने आनेवाले संघर्ष की नींव रखी।

कुछ वर्षों के पश्चात् जैकसन हत्याकांड (नासिक षड्यंत्र) की सुनवाई के दौरान जज ने 'अभिनव भारत' को एक बहुत बड़े खतरे के रूप में व्यक्त किया। द *ट्रिब्यून* अखबार ने इस फैसले को इस प्रकार उद्धृत किया—

> स्वतंत्रता या स्वराज्य पाने के उद्देश्य से किसी प्रकार के संगठनों का अस्तित्व बिल्कुल असामान्य है; 1906 से पूर्व नासिक में गणेश और विनायक सावरकर के नेतृत्व में 'मित्र

मेला' नामक नौजवानों का एक संगठन अस्तित्व में था... गणपति और शिवाजी उत्सव के लिए उत्तेजक गीत तैयार किए जाते थे... देशभक्त क्रांतिकारियों, विशेष रूप से मैजिनी, शिवाजी, रामदेव की जीवन गाथाएँ पढ़ी जाती थीं, अंग्रेजों के खिलाफ बगावत और गोला बारूद इकट्ठा करने के लिए भाषण तैयार किए जाते थे। इन सब में विनायक सावरकर की सबसे सक्रिय भूमिका थी। 'मित्र मेला' अब 'अभिनव भारत' या 'नौजवान भारत सभा' के रूप विकसित हो चुकी थी, जिसका उद्देश्य क्रांतिकारी था और इसके सदस्य युद्ध के लिए तत्पर थे। इसके सदस्यों ने 'लघु अभिनव भारत माता' नामक कविता संग्रह तैयार किया।[3]

सावरकर ने 1902 में पूना फर्ग्यूसन कॉलेज में दाखिला ले लिया। अब तक वे एक स्थापित लेखक और ओजस्वी वक्ता के रूप में पहचान बना चुके थे। कॉलेज में दाखिला लेने के तुरंत बाद ही उन्होंने अपने ब्रिटिश विरोधी और क्रांतिकारी विचारों और कार्यक्रमों का आयोजन और प्रचार आरंभ कर दिया। उन्होंने यह सब गुपचुप तरीके से और कभी-कभी खुले तौर पर *'आर्यन वीकली'* नामक हस्तलिखित साप्ताहिक के माध्यम से किया। उन्होंने साहित्य, इतिहास और देशभक्ति पर बहुत कुछ लिखा। उनके इन लेखों को उस समय के मुख्य समाचार-पत्रों में प्रकाशित किया गया। उनका ऐसा ही एक उत्कृष्ट लेख है, जिसका शीर्षक था 'सप्तपदी'। इसमें उन्होंने उन विभिन्न अवस्थाओं की चर्चा की, जिनसे एक 'गुलाम' या 'प्रजा' देश को गुजरना पड़ता है। वे भारतीय ग्रंथों के विशेषज्ञ होने के साथ शेक्सपीयर से भी समान रूप से परिचित थे। उनका मिल्टन के *पैराडाईज लॉस्ट (Paradise Lost)* के प्रति विशेष आकर्षण था। आश्चर्यजनक रूप से 'रामायण' पर लिखे उनके निबंध को भी उतनी ही सराहना मिली, जितनी 'इलियड' पर लिखे गए निबंध को मिली।[4]

फर्ग्यूसन कॉलेज में सावरकर और उनके नौजवान देशभक्त साथियों ने एक जैसे कपड़े पहने की प्रथा को अपनाया और हर विदेशी चीज का बहिष्कार किया। सावरकर अब तक लोकमान्य तिलक के कट्टर अनुयायी बन गए थे, एक सच्चे अनुयायी।

कॉलेज से निष्कासन

7 अक्तूबर, 1905 का दिन सावरकर के आरंभिक राजनैतिक जीवन में मील का पत्थर साबित हुआ। यह दशहरे का दिन था। सावरकर ने एक विरोध प्रदर्शन का आयोजन किया था और विदेशी सामान तथा विदेशी कपड़ों की होली जलाने का फैसला किया था। कुछ प्रदर्शनकारियों ने सुझाव दिया कि होली जलाने के पश्चात् दिए जाने वाले राजनैतिक भाषणों का आयोजन रीय मार्केट नामक दूसरे स्थान पर किया जाना चाहिए। सावरकर अब भी जिद पर अड़े थे कि यदि राजनैतिक भाषण भी उसी स्थान पर, जहाँ कपड़ों से लपटें निकल रही हों, वहीं पर दिए जाए तो इसका प्रभाव ज्यादा गहरा पड़ेगा। हर किसी को यह देखकर हैरानी हुई कि तिलक ने सावरकर का समर्थन किया। इस अवसर पर सावरकर ने जो ओजस्वी भाषण दिया, वह आनेवाले अनेकों दिनों तक पूना शहर में चर्चा का विषय बना रहा। इस प्रकार विदेशी कपड़ों की होली जलाने वाले पहले भारतीय बन गए। परिणामस्वरूप वे किसी सरकारी मान्यता प्राप्त संस्थान से निकाले जानेवाले भी पहले भारतीय बन गए। उन पर 10/- का जुर्माना भी लगाया गया। मजे की बात तो यह है कि कांग्रेस के बहुत से उदारवादी नेताओं ने इस सार्वजनिक होलिका दहन का समर्थन नहीं किया। इनमें सबसे प्रमुख थे, गोपाल कृष्ण गोखले। यहाँ तक कि महात्मा गांधी जो उस समय दक्षिण अफ्रीका में थे और अभी भारत लौटकर नहीं आए थे, उन्होंने भी इसका समर्थन नहीं किया।

बॉम्बे में वकालत की पढ़ाई के दौरान सावरकर ने एक मराठी साप्ताहिक 'विहारी' के लिए भी लिखना शुरू कर दिया था। उन्होंने अपने लेखों के माध्यम से 'अभिनव भारत' के संदेश का प्रचार किया। एक साल के भीतर ही सावरकर पश्चिम भारत के क्रांतिकारी आंदोलन के निर्विवाद नेता के रूप में उभरकर सामने आए।

लंदन–फ्री इंडिया सोसाइटी (Free India Society)

1906 में लोकमान्य तिलक की सिफारिश पर सावरकर को लंदन में पढ़ाई करने के लिए पंडित श्यामजी कृष्ण वर्मा छात्रवृत्ति के लिए चुन लिया गया। इस छात्रवृत्ति की कहानी भी अत्यंत रोचक है। बलराज मधोक, जो भारतीय जनसंघ के वरिष्ठ नेता थे, ने 1966 में सावरकर की मृत्यु पर शोक निबंध में एक रोचक और अल्पज्ञात तथ्य का वर्णन किया। जिस छात्रवृत्ति के लिए सावरकर को चुना गया, उसके लिए आवेदक को अपने जीवन के लक्ष्यों के विषय में कुछ पंक्तियाँ लिखनी थीं। सावरकर ने जो लिखा वह इस प्रकार से है—

> मेरी नजर में स्वाधीनता और स्वतंत्रता किसी भी राष्ट्र की जान होती है। श्रीमानजी, बचपन से लेकर युवास्था के इस क्षण तक मेरे जीवन का एकमात्र उद्देश्य, जिसका मैंने रात-दिन सपना देखा है वह है, अपने देश की खोई हुई स्वतंत्रता को पुनः प्राप्त करना।[5]

वे 9 जून, 1906 को लंदन के लिए रवाना हो गए। लंदन पहुँचने के कुछ ही महीनों में सावरकर ने फ्री इंडिया सोसाइटी नामक संस्था का गठन किया। समय के साथ संस्था ने 'अभिनव भारत' के लिए नए सदस्यों की भरती हेतु जमीन तैयार करने का काम किया। शीघ्र ही भाई परमानंद, लाला हरदयाल, वीरेंद्रनाथ चट्टोपाध्याय और मैडम भीकाजी कामा जैसे लोग इसके सदस्य बन गए। लाला हरदयाल ने अंग्रेजी एम.ए. में पंजाब

विश्वविद्यालय में अब्बल (टॉप) रहे थे और सेंट जान्स कॉलेज, ऑक्सफोर्ड में 'गवर्नमेंट ऑफ इंडिया फैलोशिप' पर थे। इस लंबी सूची में एक महत्त्वपूर्ण नाम मदनलाल ढींगरा भी शामिल था। ये सब वे लोग थे, जिन्होंने सबसे पहले भारत में ब्रिटिश शासन के खिलाफ विद्रोह के बीज बोए थे।

लंदन में अपने प्रवास के छह महीने के भीतर ही सावरकर ने इटली के महान् देशभक्त मैजिनी की आत्मकथा का हिंदी में अनुवाद किया था। उन्होंने इस पुस्तक को लोकमान्य तिलक को समर्पित किया। उसी दौरान उन्होंने 'गुरुमुखी' लिपि को सीखना शुरू किया और 'आदि ग्रंथ', 'विचित्र नाटक' और 'पंत प्रकाश' पढ़ा। सावरकर सिख गुरुओं के साहस और बलिदान से बहुत अधिक प्रेरित हुए थे और 'खालसा' शीर्षक से एक पैंफलेट भी प्रकाशित किया। सिखों के प्रति उनका लगाव जीवन पर्यंत बना रहा।

यूरोप में रहते हुए सावरकर के जीवन में एक महत्त्वपूर्ण मोड़ आया। हुआ यूँ कि उस समय ब्रिटेन में एक परंपरा प्रचलित थी, जिसके तहत हर वर्ष 1 मई के दिन को 1857 के विद्रोह में ब्रिटेन को मिली जीत के रूप में मनाया जाता था। सावरकर ने इसके बारे में सभी मुख्य समाचार-पत्रों की सुर्खियों में और कहानियों में पढ़ा। इतिहास में गहरी रुचि रखने के कारण सावरकर निःसंदेह यह बात अच्छी तरह जानते थे कि 1857 में असंख्य भारतीयों ने अपने प्राणों का बलिदान दिया था और उन्हें यह भी मालूम था कि किस प्रकार अंग्रेजों ने बर्बरतापूर्ण तरीके से इसका बदला लिया था। इसके प्रत्युत्तर में सावरकर ने 1857 के नायकों और शहीदों को याद करते हुए 10 मई, 1907 के दिन को इस महान् विद्रोह की 50वीं वर्षगाँठ के रूप में मनाने का फैसला किया। भारतीय विद्यार्थियों और अन्य भारतीयों ने सभाओं में भाग लिया, अपने सीनों पर बिल्ले लगाए और यहाँ तक कि उपवास भी किए।

इस समय तक सावरकर यूनाइटेड किंगडम में एक प्रसिद्ध नाम बन

गए थे। जैसे कि आसफ अली ने लिखा है ''मुझे हैरानी होती है कि इतनी कम उम्र में कोई व्यक्ति इतना सम्मान कैसे अर्जित कर सकता है।''[6] इस समय तक सावरकर ब्रिटिश शासन के खिलाफ भारत में चल रहे स्वतंत्रता आंदोलन को लेकर भारत के पक्ष में विचारों का प्रचार करने के लिए यूरोपीय अखबारों के लिए भी नियमित रूप से पत्र और लेख लिखने लगे थे। सावरकर के बहुत से लेखों का यूरोपीय भाषाओं में अनुवाद भी किया गया था।

उधर भारत की राजनीति में वर्ष 1907 में एक महत्त्वपूर्ण परिवर्तन आया तथा अंग्रेजों के सामने याचिकाओं के माध्यम से अपनी माँगें रखने की नीति के स्थान पर ठोस कारवाई करने की नीति को अपनाने पर बल दिया जाने लगा। सरकार भी उन लोगों के खिलाफ कठोर रवैया अपनाने पर उतर आई जो सरकार विरोधी विचारों का प्रचार कर रहे थे या याचिकाएँ दायर करने के स्थान पर ठोस कारवाई के तरीके ढूँढ़ रहे थे। सावरकर की 'अभिनव भारत' पहले से ही रूस, आयरलैंड और यहाँ तक कि मिस्र के क्रांतिकारी संगठनों के संपर्क में थी। इसी पृष्ठभूमि में सावरकर ने अपनी पुस्तक 'इंडियन वार ऑफ इंडिपेंडेंस 1857' लिखी।

1857 का भारतीय स्वतंत्रता संग्राम

24 वर्ष की अल्पायु में ही सावरकर ने 1857 के महान् ब्रिटिश विरोधी संघर्ष की इस कालजयी कहानी के मराठी संस्करण को लिखा। इसका अंग्रेजी अनुवाद 1909 में आया। पहले संस्करण का परिचय देते हुए सावरकर ने स्पष्ट किया कि उन्हें इस कहानी को लिखने के लिए किस प्रकार प्रेरणा मिली, ''मुझे आश्चर्यजनक रूप से 1857 के विद्रोह की चमक में स्वतंत्रता के युद्ध की दीप्ति का आभास हुआ। मृत आत्माएँ शहादत के आभामंडल से देदीप्यमान होती दिखाई दीं और राख के ढेर से प्रेरणा की चिनगारियाँ निकलती नजर आई।''[7] एक दूसरा कारण यह भी

था कि अंग्रेज जिस प्रकार 1857 की तथाकथित जीत का जश्न मना रहे थे, सावरकर उसे स्वीकार नहीं कर पाए। उन्होंने जानबूझकर इसे स्वतंत्रता का युद्ध बताया। सही बात तो यह है कि जो कुछ उन्होंने इस पुस्तक में लिखा कि वे पहले से ही फ्री इंडिया सोसाइटी के सदस्यों के समक्ष दिए गए उनके सार्वजनिक भाषणों का अंश बन चुके थे।

इस पुस्तक के पहले संस्करण के प्रकाशन की कहानी उतनी ही नाटकीय है, जितना कि स्वयं सावरकर का जीवन। ब्रिटिश सी.आई.डी. (CID) को इस पुस्तक की विषयवस्तु के बारे में 'राजद्रोही' होने की बू आ गई थी और वे इसकी पटकथा के पीछे पड़े थे। सावरकर ने इसका मराठी संस्करण गुप्त तरीके से भारत मँगवाया। यहाँ भी इसका प्रकाशन लगभग असंभव था। पुलिस ने 'अभिनव भारत' के गुप्त ठिकानों पर छापामारी भी की, क्योंकि उन्हें शक था कि यह पटकथा इसके सदस्यों के कब्जे में हो सकती है। क्योंकि भारत में इसका प्रकाशन नहीं हो सका था। इसलिए इसकी पांडुलिपि को चुपके से पेरिस वापस भेज दिया गया। सावरकर को विश्वास था कि जर्मन छापाखाने वाले मराठी संस्करण को छाप सकेंगे, क्योंकि वे संस्कृत भाषा से परिचित थे। जर्मनी में अनेकों केंद्रों पर इसे छापने के प्रयास किए गए, लेकिन सफलता नहीं मिली। तब इंग्लैंड में रहने वाले मराठी विद्यार्थियों के एक समूह ने इस पटकथा का अंग्रेजी में अनुवाद करने का बीड़ा उठाया। ब्रिटिश सी.आई.डी (CID) चाहे कितनी ही चौकन्नी थी, फिर भी अंततः पहला अंग्रेजी संस्करण हालैंड में छापा गया और वापस फ्रांस लाया गया। ब्रिटिश सरकार ने तुरंत इस पर प्रतिबंध लगा दिया। पहले संस्करण की प्रतियों को बड़े ही नाटकीय ढंग से उस समय की लोकप्रिय अंग्रेजी पत्रिकाओं के अंदर छुपाकर भारत लाया गया।

यूरोप में पुस्तक को मुफ्त में बाँटा गया। इसके बाद लाला हरदयाल और मैडम कामा जैसे कार्यकर्ताओं ने इसका दूसरा संस्करण प्रकाशित

किया। अब तक लाला हरदयाल ने भी अमेरिका में 'गदर' नामक अपना अखबार शुरू कर दिया था। उन्होंने इस पुस्तक के कुछ चुनिंदा अंशों को अपने अखबार में प्रकाशित किया। लगभग इसी समय के दौरान इस पुस्तक का अनेकों भारतीय भाषाओं में भी अनुवाद किया गया और यह क्रांतिकारियों के लिए धर्मग्रंथ की तरह बन गई। वास्तव में बहुत से क्रांतिकारियों को सावरकर की '1857' पुस्तक की प्रतियों के साथ गिरफ्तार किया गया। जब तक अंग्रेज भारत में रहे तब तक इस पुस्तक पर प्रतिबंध लगा रहा। बहुत से वरिष्ठ नेताओं और स्वतंत्रता सेनानियों ने कांग्रेस के नेताओं के समक्ष यह माँग रखी कि वे इस पुस्तक पर लगे प्रतिबंध को हटाने के लिए ब्रिटिश सरकार पर दबाव बनाएँ। इस मामले को गम्भीरता से नहीं लिया गया। इस पर लगे प्रतिबंध को 1947 के बाद हटाया गया।

इस पुस्तक के माध्यम से सावरकर ने पहली बार लोगों का ध्यान झांसी की रानी, मंगल पांडे, ताँत्या टोपे जैसे क्रांतिकारियों के नामों की तरफ दिलवाया। हिंदू-मुस्लिम संबंधों के संदर्भ में कुछ रोचक उदाहरणों को प्रस्तुत करते हुए सावरकर ने लिखा—

> "...वह देश जो अपने अतीत के प्रति जागरूक नहीं है, उसका कोई भविष्य नहीं है... किसी राष्ट्र को अपने इतिहास का गुलाम नहीं, बल्कि मालिक होना चाहिए... शिवाजी के कालखंड के दौरान मुसलमानों के प्रति घृणा न्यायपूर्ण भी थी और जरूरी भी... लेकिन आज के समय में ऐसी भावना पालना अन्यायपूर्ण और मूर्खतापूर्ण होगा... क्योंकि उस समय हिंदुओं के मन में यह एक प्रमुख भावना थी।"

1857 के महान् विद्रोह की सबसे प्रमुख विशेषता के विषय में विस्तार से चर्चा करते हुए सावरकर ने लिखा है कि यह हिंदू-मुस्लिम एकता ही इस आंदोलन की प्रमुख विशेषता थी।

"इसलिए हिंदुओं और मुसलमानों के बीच कड़वाहट को अतीत

में दफन कर देना चाहिए। उनका वर्तमान संबंध शासक और प्रजा तथा विदेशी और मूल निवासी का न होकर केवल भाई-भाई का है, जिसमें केवल धर्म का ही अंतर है। वे दोनों हिंदुस्तान की मिट्टी की संतान हैं। उनके केवल नाम ही भिन्न हैं, किंतु वे सब एक ही माँ की संतान हैं; क्योंकि भारत दोनों की ही माता है, इसलिए वे सगे भाइयों की तरह थे। नाना साहेब, दिल्ली के बहादुरशाह जफर, मौलवी अहमद शाह, खान बहादुर खान और 1857 के दूसरे नेताओं ने काफी हद तक इस संबंध को महसूस किया और इसीलिए अपनी आपसी शत्रुता को एक तरफ रखते हुए स्वदेश के झंडे तले एकत्रित हो गए। संक्षेप में नाना साहेब और अजीमुल्लाह की नीतियों की मुख्य विशेषताएँ ये थी कि हिंदुओं और मुसलमानों को एकजुट होकर कंधे से कंधा मिलाकर देश की स्वतंत्रता के लिए लड़ना चाहिए और स्वतंत्रता प्राप्ति के पश्चात् भारतीय राजाओं और रजवाड़ों के अधीन एक संयुक्त भारत का निर्माण करना चाहिए।''[8]

सांप्रदायिक संबंधों और अंतर्क्रियाओं के बारे में सावरकर के विचारों पर बल देने का उद्देश्य केवल इस बात को स्पष्ट करना है कि विभिन्न संप्रदायों के बीच संबंधों के विषय में सावरकर की विचारधारा हमेशा राष्ट्रीय हितों के चारों ओर ही घूमती थी।

यह चर्चा करते हुए कि किस प्रकार 'हिंदू और मुसलमान' एक ही मिट्टी की संतानें हैं, वे लिखते हैं—

''इलाहाबाद प्रांत में अधिकतर तालुकदार मुसलमान हैं, उनके पट्टेदार हिंदू हैं। इसीलिए अंग्रेज इसे असंभव मानते थे कि ये दोनों एकजुट होकर उनके खिलाफ खड़े हो जाएँगे। लेकिन जून 1857 के इस यादगार हफ्ते में अनेकों लोगों ने सुना कि इलाहाबाद शहर के सभी गाँवों के लोग साथ-साथ उठ खड़े

हुए और उन्होंने अपनी स्वतंत्रता की घोषणा की। क्योंकि हिंदू और मुसलमान एक ही माँ का दूध पीकर बड़े हुए थे, इसलिए अंग्रेजी शासन के खिलाफ चोट करने के लिए एकजुट होकर खड़े हो गए और सभी लोगों के अथक प्रयासों की सफलता के लिए और मातृभूमि की आजादी के लिए प्रयाग के ब्राह्मणों और मुसलमानों ने स्वर्ग तक अपनी प्रार्थनाएँ पहुँचाई। इसके अलावा अपने सच्चे हितों को, प्राकृतिक भाईचारे को ध्यान में रखते हुए हिंदुओं और मुसलमानों को साथ-साथ लड़ते हुए देखने का दृश्य वास्तव में बहुत शानदार और प्रेरणादायी था।''[9]

युवा सावरकर द्वारा लिखी 1857 के महान् विद्रोह की पुस्तक को पढ़ते समय सबसे मजेदार और महत्त्वपूर्ण बात यह है कि सावरकर इसे एक अद्‌भुत घटना मानते थे, क्योंकि यह हिंदू-मुसलमानों की एकता को एक बड़े स्तर पर प्रदर्शित करने वाली घटना थी।

''इस प्रकार, सही मायने में बहादुरशाह जफर को भारत की गद्‌दी पर बैठाना कोई पुनः बहाली करना नहीं था, बल्कि यह इस बात की स्पष्ट घोषणा थी कि हिंदुओं और मुसलमानों के बीच लंबे समय से चल रहा युद्ध समाप्त हो चुका था, तानाशाही का अंत हो गया था और इस देश की मिट्‌टी के लोग अपना शासक चुनने के लिए एक बार फिर स्वतंत्र थे। बहादुरशाह जफर को हिंदुओं और मुसलमानों, नागरिकों और सैनिकों के द्वारा सभी लोगों की स्वतंत्र आवाज के साथ अपना शासक चुना गया और स्वतंत्रता के इस युद्ध के नेता के रूप में खड़ा किया गया था। इसलिए 11 मई को यह सम्मानित वृद्ध बहादुरशाह जफर, अकबर और औरंगजेब की उस गद्‌दी का उत्तराधिकारी नहीं था, जिसे मराठों के हथौड़ों से पहले ही चकनाचूर कर दिया गया था, बल्कि वह विदेशी आक्रांताओं

के विरुद्ध स्वतंत्रता की लड़ाई लड़ रहे लोगों के द्वारा चयनित शासक के रूप में था। सभी हिंदू और मुसलमान मिलकर अपनी जन्मभूमि के इस चयनित या मनोनीत सम्राट के प्रति हृदय से अपनी सच्ची श्रद्धांजलि अर्पित करें।[10]

जाति और संप्रदाय के बंधनों को तोड़ते हुए इस आंदोलन में लोगों की बड़े पैमाने पर भागीदारी के विषय में रिकॉर्ड करते हुए उन्होंने लिखा—

"थानेसर के ब्राह्मणों से लेकर लुधियाना के मौलवियों तक, फिरोजपुर के दुकानदारों से लेकर पेशावर के मुसलमानों तक सब लोग स्वधर्म और स्वराज के लिए लड़े जानेवाले इस युद्ध का सभी जगह प्रचार करते हुए घूम रहे थे।"[11]

सावरकर इस बात को स्वीकार करने में जरा भी नहीं हिचकिचाए कि 1857 के संघर्ष का परिणाम आशा के अनुकूल नहीं था। लेकिन साथ ही वे यह भी लिखते हैं कि इससे घबराकर हमें आशा का दामन नहीं छोड़ना चाहिए।

"इस टेलीस्कोप के माध्यम से देखते हुए क्या दृश्य दिखाई देता है! स्वधर्म और स्वराज के लिए लड़े गए युद्ध की चमक हार से फीकी नहीं पड़ सकती है। गुरु गोविंद सिंहजी के जीवन की गरिमा इस कारण से कम नहीं आँकी जा सकती कि उनके प्रयासों को तत्काल सफलता नहीं मिली। इटली के 1848 के विद्रोह को हम इस कारण से कम महत्त्वपूर्ण नहीं समझ सकते, क्योंकि वह क्रांति उस समय बिल्कुल असफल हो गई थी।"[12]

इस पुस्तक की विषय-वस्तु को लेकर अंग्रेजों की चिंता का कारण इस प्रकार की कुछ पंक्तियाँ थीं—

"परमात्मा का आदेश है, स्वराज प्राप्त करो, क्योंकि यही धर्म की रक्षा का मुख्य सूत्र है। जो स्वराज पाने के लिए प्रयास नहीं करता है, जो गुलामी में भी चुप बैठा रहता है, वह एक

प्रकार से नास्तिक और धर्म से घृणा करने वाला होता है। इसलिए स्वधर्म के लिए उठो और स्वराज प्राप्त करो।''

'स्वधर्म के लिए उठो और स्वराज प्राप्त करो।' इस सिद्धांत के अहसास के कारण भारत के इतिहास में कितनी दैवी घटनाएँ घटित हुई हैं। संत-कवि रामदास ने 250 वर्ष पूर्व मराठों को यही सूत्र वाक्य दिया था, 'अपने धर्म के लिए जान की बाजी लगा दो, जान पर खेलकर भी अपने धर्म के शत्रुओं को मार गिराओ, इसलिए लड़ते हुए और मरते हुए भी अपने साम्राज्य को दोबारा प्राप्त करो।'

1857 के क्रांतिकारी युद्ध का भी यही एकमात्र सिद्धांत है। यही इसका मनोविज्ञान है। इसके वास्तविक और स्पष्ट रूप को दिखाने वाला एकमात्र टेलीस्कोप गुरु रामदास की ये ऊपर दी गई पंक्तियाँ हैं।[13]

दिसंबर 1910 में जब सावरकर को आजीवन निर्वासन की सजा सुनाई गई तो जज ने सावरकर के लेखों के माध्यम से ब्रिटिश साम्राज्य को होने वाले खतरे का विशेष रूप से उल्लेख किया था—

''विनायक इंडिया हाउस में विद्यार्थियों के समूह का नेता था''' उसने उन भारतीयों की प्रशंसा में 'O Martyrs... नामक एक पैंफलेट भारत भेजा, जो 1857 के विद्रोह के दौरान विद्रोहियों की तरफ से शहीद हुए थे।''

सावरकर की 1857 पुस्तक में लिखे लेखों का हवाला देते हुए जज ने कहा—

''आरोपी को युद्ध के लिए उकसाने वाली मुद्रित सामग्री के संचरण के द्वारा युद्ध को भड़काने का दोषी पाया गया है। यह एक प्रकार से ब्रिटिश सरकार के खिलाफ युद्ध की घोषणा का फरमान है।''[14]

जैसा कि पहले भी संकेत किया गया कि सावरकर को विश्व इतिहास की गहरी समझ थी। वे अनेकों बार भारत में होनेवाली घटनाओं की तुलना विश्व के अन्य भागों में घट रही घटनाओं से करते थे। 1857 के विद्रोह के दौरान हुई भूलों के विषय में अपनी बात कहते हुए उन्होंने यह प्रश्न उठाया कि स्वतंत्रता के लिए किया जानेवाला कोई भी ऐसा ही क्रांतिकारी प्रयास रहा है जिसमें गलतियाँ न हों। उनके लिए तो 1857 का विद्रोह अद्वितीय था—

> ''भारत के इतिहास में ऐसी किसी क्रांति का मिलना अत्यंत कठिन है, जो इतनी उत्तेजक, तीव्र और इतनी सार्वभौमिक हो… हिंदुओं और मुसलमानों को कंधे से कंधा मिलाकर लड़ते हुए देखना वास्तव में शानदार और प्रेरक था। इतना भयंकर बवंडर खड़ा करने के बाद क्या यह आश्चर्यजनक नहीं होगा कि हिंदुस्तान इसे नियंत्रण में नहीं रख सका? यह भी हैरानी की बात है कि हिंदुस्तान ऐसा एक बवंडर खड़ा कर पाया।''[15]

मदनलाल ढींगरा

अब फिर से सावरकर और उनके लंदन के दिनों की ओर लौट चलें। जैसा कि पहले भी जिक्र किया था कि सावरकर ने फ्री इंडिया सोसाइटी की स्थापना की थी। यह बहुत लोकप्रिय संगठन था और इसने पूरे इंग्लैंड से भारतीय विद्यार्थियों को आकर्षित किया था। गुरुगोविंद सिंह, शिवाजी जैसे महापुरुषों की जयंतियाँ और अधिकतर भारतीय पर्व मनाए जाते थे। इन की सभाओं के दौरान इसके सदस्यों के भीतर भारत को आजाद कराने और ब्रिटिश शासन से मुक्त कराने की उत्कंठा, चिनगारी की तरह धधक रही थी। मदनलाल ढींगरा भी सावरकर के अनुयायी और प्रशंसक थे। जिस पिस्तौल से उन्होंने कर्जन वायली को गोली मारी थी, वह उन्होंने सावरकर से ही हासिल की थी। ढींगरा के इस कार्य ने उन्हें भारतीय इतिहास

के पन्नों में अमर बना दिया और सावरकर की नजर में वे हमेशा एक अद्वितीय नायक के रूप में बने रहे। ये सावरकर ही थे, जिन्होंने ढींगरा के ऐतिहासिक बयान को सारी जनता के सामने लाने का बीड़ा उठाया, "स्वतंत्रता का युद्ध तब तक जारी रहेगा, जब तक अंग्रेज और हिंदू नस्लें रहेंगी।"

ढींगरा को 17 अगस्त,1909 को फाँसी दे दी गई। जहाँ बहुत से उदारवादी कांग्रेसी नेता क्रांतिकारियों की नीतियों से असहमत थे, वहीं सावरकर और 'अभिनव भारत' के उनके मित्रों के लिए यह एक नए युद्ध का आरंभ था।

सावरकर के निधन के अगले दिन, मधोक द्वारा लिखे गए एक प्रस्ताव में, पहले भी जिसका उल्लेख किया गया है, मधोक ने उस घटना का भी स्मरण किया, जो मदनलाल ढींगरा द्वारा कर्जन वायली को गोली मारे जाने के तुरंत बाद लंदन में घटित हुई।

उस लेख को जो शीर्षक दिया गया वह था, 'महान् देशभक्त जिससे अंग्रेज डरते थे': उस सभा ने एकमत से मदनलाल ढींगरा का खंडन करते हुए आगा खान को उस सार्वजनिक सभा का सभापति घोषित किया, जो 5 जुलाई, 1909 को लंदन के कार्लटन होटल में कर्जन वाइली की हत्या करने के कारण ढींगरा की आलोचना करते हेतु बुलाई गई थी। 'नहीं', एकमत से नहीं, श्रोताओं के बीच से एक विद्रोही स्वर उभरा। यह स्वर था, विनायक दामोदर सावरकर का, जो उस समय लंदन के ग्रे इनन में वकालत के विद्यार्थी थे। इस एक घटना ने सावरकर को दुनिया भर में देशभक्त भारतीयों के लिए आदर्श और शक्तिशाली ब्रिटिश साम्राज्य के लिए एक खतरा बना दिया"।[16]

सावरकर और महात्मा गांधी

कहानी को आगे बढ़ाने से पहले यह बताना आवश्यक है कि महात्मा

गांधी, जिनके साथ सावरकर के आजीवन मतभेद रहे, उनसे सावरकर 1906 से ही संपर्क में थे। गांधीजी को 1909 में लंदन में आयोजित दशहरा उत्सव को संबोधित करने के लिए बुलाया गया था। अपने उद्बोधन में गांधीजी ने कहा कि उन्हें सावरकर के साथ बैठने और उनके साथ मंच साँझा करने पर विशेष गर्व की अनुभूति हो रही थी।[17] लेकिन क्रांतिकारियों और उनके एजेंडे की बात पर गांधीजी और सावरकर के बीच गहरे मतभेद थे। गांधीजी ने बहुत ही प्रत्यक्ष रूप में अपनी असहमति को द इंडियन ओपिनियन में दर्ज किया, जिसे उन्होंने दक्षिण अफ्रीका में शुरू किया था। ''उनकी बहादुरी ने मुझे प्रभावित किया''' लेकिन उनका उत्साह दिग्भ्रमित था''' भारतीय की बीमारियों का इलाज हिंसा कतई नहीं थी।''

गिरफ्तारी और निर्वासन

1909 का वर्ष उन लोगों के लिए, जो यह मानते थे कि अंग्रेजों को किसी भी कीमत पर भारत छोड़ देना चाहिए, एक ऊर्जा से भरपूर और प्रेरणादायी वर्ष था। भारत में 'अभिनव भारत' के कामकाज का सी.आई.डी. (CID) पीछा कर रही थी। सबसे बड़ा धक्का तब लगा, जब 8 जून, 1909 को सावरकर के बड़े भाई बाबाराव को आजीवन निर्वासन की सजा दी गई। अन्य कार्यकर्ताओं के साथ-साथ उन पर यह विचार रखने का आरोप लगा था, ''भगवान् के लिए कोई मुझे बताए कि युद्ध के बिना स्वतंत्रता किसे प्राप्त हुई है। कुछ महीनों बाद 13 नवंबर, 1909 को अहमदाबाद में मोहन लाल पाँड्या द्वारा वायसराय लार्ड मिंटो पर जानलेवा हमला करने का प्रयास किया गया। 21 दिसंबर, 1909 को अनंत कान्हेरे ने नासिक के कलेक्टर ए.एम.टी. जैकसन को गोली मार दी। सावरकर के छोटे भाई भी अब तक गिरफ्तार हो चुके थे।

यूरोप में सावरकर पहले ही छिपते हुए भाग रहे थे। जैकसन हत्याकांड की सुनवाई के दौरान यह सिद्ध हो गया था कि वे फ्री इंडिया सोसाइटी

और 'अभिनव भारत' की आत्मा थे। अपने मित्रों को गिरफ्तारी और प्रताड़ना से बचाने के लिए वे पैरिस से लंदन वापस आ गए और 10 मार्च, 1910 को उन्हें विक्टोरिया स्टेशन से गिरफ्तार कर लिया गया। उनके मित्रों और कुछ आयरिश क्रांतिकारियों द्वारा घात लगाकर उन्हें छुड़ाने के लिए नाटकीय प्रयास किया गया। लेकिन पुलिस को योजना का पता चल गया। जिस वैन में सावरकर को ले जाया जा रहा था, उसी वैन को पुलिस ने प्रलोभन के तौर पर प्रयोग किया था।

1 जुलाई, 1910 को सावरकर को जंजीरों से बाँधकर भारत लाने के लिए जहाज में डाल दिया गया। जैसे ही जहाज ने फ्रांस की मार्सेलस बंदरगाह पर डेरा डाला सावरकर समुद्र में कूद गए और तैरकर किनारे पर पहुँच गए। योजना यह थी कि वहाँ से उन्हें 'अभिनव भारत' के उनके दो साथियों मैडमकामा और अय्यर द्वारा ले लिया जाएगा। लेकिन उन्हें आने में देर हो गई और सावरकर को गिरफ्तार कर लिया गया।

सावरकर तब से लेकर लगभग चार वर्ष तक यूरोप में रहे। इस थोड़े से समय में ही वे समूचे यूरोप में क्रांतिकारियों के आदर्श बन गए और भारत के स्वतंत्रता संघर्ष को विश्व मंच पर इस प्रकार से ले जाने में कामयाब रहे, जिसकी उस समय तक कल्पना भी नहीं की गई थी।

भारत पहुँचना–आजीवन निर्वासन

सावरकर को लेकर आनेवाला जहाज 22 जुलाई, 1910 को बॉम्बे की बंदरगाह पर पहुँचा। जहाज में भी ब्रिटिश अधिकारियों का एक दल उनकी अगुवाई कर रहा था और असली बंदरगाह से पहले ही उन्हें एक विशेष पुलिस नाव के जरिए जहाज से उतार लिया गया था। इस अभियान का नेतृत्व बॉम्बे पुलिस के आई.जी., माइकल कैनेडी द्वारा किया गया। इस पूरे अभियान को बड़े ही गोपनीय तरीके से अंजाम दिया गया।[18] उन्हें एक विशेष ट्रेन द्वारा पहले नासिक और फिर यरवदा जेल लाया

गया। 15 सितंबर, 1910 को बॉम्बे की अदालत में मामले की सुनवाई शुरू की गई। सावरकर अब बॉम्बे की डोंगरी जेल में थे। जेल क्या थी, मानो एक छोटा सा किला था। उन्हें 50 सशस्त्र पुलिस वालों की अगुवाई में अदालत तक लाया गया। बॉम्बे के पुलिस कमिश्नर स्वयं अपनी निगरानी में अदालत की सुरक्षा व्यवस्था की जाँच करते हुए दिख रहे थे। सावरकर पहले ही भारत के अधिकतर भागों में एक चर्चित नाम बन चुके थे। जैसे कि *'द ट्रिब्यून'* में छपा था, "इस बात को लेकर पूरे भारत में उत्सुकता की लहर थी कि सावरकर के केस में आगे क्या होगा।"[19]

23 दिसंबर, 1910 को सावरकर को आजीवन निर्वासन के साथ-साथ उनकी सारी संपत्ति जब्त कर लिये जाने की सजा सुनाई गई। कुछ अन्य आरोपों के सिलसिले में, जिसमें यह आरोप भी शामिल था कि उन्होंने वह पिस्तौल कान्हेरे तक पहुँचाई थी, जिससे जैकसन का कत्ल हुआ था। सावरकर को 30 जनवरी को दूसरी बार आजीवन कारावास की सजा सुनाई गई। यह आरोप अंत तक साबित नहीं हो सका था।

सावरकर द्वारा लिखे एक पैंम्फलेट 'बंदे मातरम्' के एक अंश को एक फैसले में उद्धृत किया गया, 'पृथक-पृथक हत्याएँ अफसरशाही को अपंग बनाने और लोगों को भड़काने का एक सबसे विश्वसनीय तरीका है।' उन पर युद्ध को भड़काने का भी आरोप लगाया गया, "भारत सरकार और स्थानीय सरकार को अपराधी ताकतों के प्रदर्शन के द्वारा धमकाने का भी आरोप लगा।"

एक बार सजा तय हो जाने के बाद सावरकर ने अपना सबसे अधिक मनपसंद काम-लेखन फिर से शुरू कर दिया। सजा होने के बाद उनकी सबसे पहली रचना एक कविता थी, जिसे उन्होंने सिखों के दसवें गुरुगोविंद सिंहजी के जीवन, बलिदान और साहस के प्रति समर्पित किया था।

दूर लाहौर में स्थित अखबार *'द ट्रिब्यून'* ने पूरे मुकदमे की विस्तार से पड़ताल की और सावरकर के भारत में कदम रखने के दिन से लेकर

उनके अंडमान में निर्वासन तक की पूरी घटनाओं पर अनेक सम्पादकीय लिखे। वास्तव में पूरे पंजाब में सावरकर के प्रेरणादायी और साहसी कार्य को लेकर विस्तृत रुचि का माहौल था। इसने सजा को लेकर बयान दिया, ''दी गई सजाएँ दुखद रूप से अत्यंत कठोर हैं।''[20] कुछ दिनों के बाद इसने दूसरी बार आजीवन निर्वासन की सजा पर बयान देते हुए कहा, ''अदालत उनकी किसी प्रत्यक्ष भूमिका को साबित करने में असमर्थ रही, यहाँ तक कि यह भी साबित नहीं कर पाई कि उन्होंने रिवाल्वर मुहैया करवाया था।''[21] पूरी कारवाई से यह बात स्पष्ट है कि सावरकर को इतनी कठोर सजा इसलिए दी गई, क्योंकि ब्रिटिश सरकार को सावरकर के रूप में उनके शासन के विरुद्ध एक हिंसक विद्रोह की संभावना नजर आ रही थी।

डोंगरी जेल से सावरकर को पहले वाईकुला और फिर ठाणे जेल ले जाया गया। थाने से मद्रास (चैन्नई) के रास्ते होते हुए अंडमान के सेल्यूलर जेल तक के उनके प्रस्थान को एकदम गुप्त रखा जा रहा था, लेकिन किसी तरह यह बात बाहर निकल गई। हजारों की संख्या में लोग उनकी एक झलक पाने के लिए स्टेशन पर इकट्ठे हो गए। 27 जून, 1911 को अंततः उन्हें जंजीरों से बाँधकर एस.एस. महाराजा नामक स्टीमर में डाल दिया गया, जो उन्हें लेकर मद्रास से पार्ट ब्लेयर की ओर चल पड़ा।

□

2

अंडमान की सेल्यूलर जेल

अंडमान और निकोबार की ब्रिटिश जेलों में बिताए आजीवन कारावास के दिनों की कहानी। उनके अपने ही शब्दों में उनकी कालजयी रचना *माई ट्रंसपोर्टेशन फॉर लाईफ* (My Transportation for Life) के रूप में प्रकाशित हुई। शुरू में उन्हें इसको लेकर थोड़ा संकोच था, लेकिन बाद में उन्होंने अपनी पटकथा को छापने की अनुमति दे दी। इसका पहला भाग 1925-26 में तिलक के अखबार में अनेक किस्तों में छापा गया। क्योंकि संस्करण बहुत बड़ा था, इसलिए इसका शेष भाग जनवरी 1927 से लेकर 'श्रद्धानंद' में धारावाहिक रूप में छापा गया। पूरे लेखन को मई 1927 में एक पुस्तक के रूप में छापा गया।

सावरकर की कठोर यातना से भरी यह सजा अंडमान की यात्रा से ही शुरू हो गई थी, जैसा कि उनके अपने शब्दों में व्यक्त किया गया है—

> "शाम हो गई थी। अत्यधिक गरमी थी और भारी भीड़ जमा थी। पचास लोगों का वह दल जो जहाज में मेरे सबसे करीबी पड़ोसी थे, भारत की आबादी के सबसे गंदगी भरे माहौल से संबंध रखते थे। हिंदू, मुसलमान, चोर, डकैत सभी अत्याचार और अपराध में डूबे हुए थे। कुछ दुर्गंध युक्त बीमारियों से

ग्रस्त थे, कुछ तो अपने दाँत साफ करना भी नहीं जानते थे और सभी ने अपने बिस्तर एक के ऊपर एक ढेर बनाकर रखे हुए थे और इस तरह लेटे हुए थे कि उनके बीच एक इंच का भी फासला नहीं था। इस भीड़ में मैंने अपना बिस्तर बिछाया और उस पर लेट गया। मेरे पाँव उनके सिरों को छू रहे थे और उनके पैर मेरे मुँह तक आ रहे थे और मैं पीठ के बल लेटा रहा। अपने ठीक सामने मैंने एक पीपा देखा, जो लगभग आधा कटा हुआ और खुला था। यह भीड़ से थोड़ा दूर रखा हुआ था और इसके पास में एक छोटा सा खुला स्थान था। मेरी तरफ वाली जगह पर और कोने में जहाँ मैं रह रहा था, वहाँ कैदियों की इतनी भीड़ नहीं थी जितनी दूसरी तरफ थी। यहाँ थोड़ी खुली जगह थी और शायद इसीलिए मुझे यहाँ रखा गया था। लेकिन उस ओर से आ रही भयंकर बदबू से मेरे नथुने सड़ रहे थे और इससे बचने के लिए मुझे अपनी नाक को बंद करना पड़ा था। एक पड़ोसी ने सामने पड़े पीपे की ओर इशारा किया और मैंने देखा कि वे रात के समय इसको शौच के लिए कमोड की तरह इस्तेमाल करते थे।''[22]

सेल्यूलर जेल

4 जुलाई, 1911 को सावरकर पोर्ट ब्लेयर पहुँचे। उन्हें दुनिया की सबसे खतरनाक और कुख्यात जेल को 2 मई, 1921 तक झेलना था। उनकी परेशानी और भी बढ़ने वाली थी, क्योंकि वे जानते थे कि उनका बड़ा भाई भी इसी जेल में है और दोनों को मिलने नहीं दिया जाएगा।

इस बदनाम जेल का पहला अनुभव उन्हें तब हुआ, जब उन्होंने यह महसूस किया कि सभी राजनैतिक बंदियों को उन पठान और बलूची वार्डनों के मातहत रखा गया, जो हिंदुओं के प्रति पागलपन की हद तक घृणा का

भाव रखते थे। ऐसे ही तीन वार्डनों को सावरकर के लिए चुना गया। इस जेल को चलाने का सबसे पहला उसूल यह था कि राजनैतिक कैदियों के साथ डाकुओं और हत्यारों से भी ज्यादा बुरा व्यवहार किया जाता था। उनकी इच्छाशक्ति को दबाया जाता था। जैसा कि सावरकर ने लिखा है।[23]

> राजनैतिक बंदियों को अलग-अलग कर दिया जाता था और उन्हें अलग-अलग चालों में रखा जाता था और फिर उस चाल की भी हर कोठरी में एक-एक को रखा जाता था। यदि उनकी बातचीत से हलका भी संदेह होता था तो उन्हें हथकड़ियाँ पहना दी जाती थीं और हर तरह की सजा दी जाती थी। तालाब पर नहाते समय या पंक्ति में खाना लेते हुए यदि वे एक-दूसरे का हाल पूछने के लिए हलका सा इशारा भी करते थे तो उस छोटी सी जुर्रत के लिए उस व्यक्ति को सात दिन तक हथकड़ियों सहित हाथ ऊपर करके खड़े रहने की सजा दी जाती थी। इस सबसे बढ़कर मोटे सन को चुनने की सजा के बदले में तेल के कोल्हू में जोत दिया जाता था। हाँ उन्होंने दृढ निश्चय कर रखा था कि वे हमारी अंतरात्मा को तोड़कर हमें हतोत्साहित करके ही दम लेंगे। इसलिए वे हमें लगातार दो महीनों तक ऐसे कठोर परिश्रम का दंड देते थे, एक महीना पटसन चुनने के लिए और फिर दूसरा महीना कोल्हू में तेल निकालने के लिए। हमें कोल्हू के पहिए को चलाने वाले हत्थे के साथ जानवरों की तरह जोत दिया जाता था। सुबह उठते ही हमें कपड़े की एक पट्टी पहनने का आदेश देकर कोठरी में बंद कर दिया जाता था और कोल्हू चलाने को कहा जाता था। कोठरी में बची खाली जगह में नारियल के टुकड़े डाल दिए जाते थे और उन टुकड़ों के ऊपर से गुजरते हुए कोल्हू को चलाना पड़ता था। इसे चलाना और भी मुश्किल हो जाता था, क्योंकि सारी जगह नारियल के टुकड़ों

से भरी होती थी। एक तगड़े-से-तगड़े कुली और एक सबसे छँटे हुए बदमाश को भी कोल्हू के बीस चक्कर लगाने में दम निकल जाता था। बीस साल से ऊपर के किसी डाकू को इस काम पर नहीं लगाया जाता था, लेकिन बेचारे राजनैतिक बंदी को किसी भी उम्र में इस काम के लिए समर्थ समझा जाता था और इंचार्ज डॉक्टर भी हमेशा यह सर्टिफिकेट दे देता था कि वह यह काम कर सकता था। इसलिए उस बेचारे को आधा चक्कर तो हैंडल को धकेलते हुए पहिए को चलाना पड़ता था और बाकी का आधा चक्कर अपनी पूरी ताकत के साथ उस पर लटकते हुए पूरा करना पड़ता था। नारियल के टुकड़ों से तेल निकालने में बहुत ज्यादा ताकत झोंकनी पड़ती थी। बीस साल या उससे ज्यादा के नौजवान, जिन्होंने कभी अपने जीवन में कोई शारीरिक श्रम नहीं किया होता था, उन्हें इस काम पर लगाया जाता था। वे सभी पढ़े-लिखे नाजुक से नौजवान होते थे। सुबह छह बजे से दस बजे तक उन्हें लगातार तब तक कोल्हू चलाना पड़ता था जब तक कि उनका दम नहीं फूल जाता था। उनमें से कुछ तो इसके दौरान बेहोश भी हो जाते थे। वे थककर चूर हो जाते और उन्हें कुछ देर के लिए बैठना पड़ता था। आमतौर पर दस बजे से बारह बजे तक सब काम बंद कर दिया जाता था। लेकिन 'कोल्हू' को (जैसा कि तेल निकालने वाले मजदूर को पुकारा जाता था), सारा समय काम करना पड़ता था। केवल खाने की सूचना होने पर ही दरवाजा खोला जाता था। आदमी अंदर आता, बरतन में खाना डालता और उसके जाने के बाद फिर दरवाजा बंद कर दिया जाता था और यदि हाथ धोने के बाद कोई अपने बदन से पसीना पोंछने लगता तो जमादार, जो कि सबसे खतरनाक दादा की तरह होता था उस

पर जोर-जोर से गालियों की बौछार करने लगता था। हाथ धोने के लिए भी पानी नहीं होता था। पीने का पानी भी जमादार की बहुत मिन्नतें करने पर ही मिलता था। कोल्हू पर काम करते हुए बहुत प्यास लगती थी। पानी पिलाने वाला भी तब तक पानी नहीं देता था, जब तक पानी के बदले उसकी हथेली पर कुछ तंबाकू आदि नहीं रख दिया जाता था। यदि जमादार से बात करो तो उसका जवाब होता था, 'एक कैदी को केवल दो कप पानी ही दिया जाता है और तुम पहले ही तीन कप पी चुके हो। तुम्हारे लिए मैं और पानी कहाँ से लाऊँ? क्या और पानी तुम्हारा बाप देगा?' हमें जमादार की डाँट को भी चुपचाप सहन करना पड़ता था। जब हाथ धोने और पीने के लिए ही पानी नहीं था तो फिर नहाने के लिए तो पानी मिलना बहुत दूर की बात थी।''

अपना कोटा पूरा करो

''नहाने की तो बात ही क्या? यहाँ तक कि हमारे रोज के खाने की भी यही कहानी थी। खाना परोसने के बाद कोठरी का दरवाजा बंद कर दिया जाता था और जमादार लगातार हम पर नजर रखता था, यह देखने के लिए नहीं कि हमने खाना खा लिया था, बल्कि यह देखने के लिए कि हमने कोल्हू पर काम शुरू किया कि नहीं। वह पूरी चाल का चक्कर लगाता रहता और हर कोठरी के सामने रुकते हुए इसमें रहने वाले कैदियों को धमकाकर कहता कि उसका कोटा शाम तक पूरा हो जाना चाहिए, वरना उस कैदी को उससे और ऊपर के अफसर से भी और ज्यादा सजा मिलेगी। जब हम उसे चिल्लाते हुए सुनते तो यदि खाना भी खा रहे होते तो हमारे हाथ का बरतन जमीन पर गिरते-गिरते रह जाता और हम एकदम से खाना बंद कर देते, क्योंकि हम सबने अपनी आँखों से देखा था कि कैसे जब कोई अपना निर्धारित कोटा पूरा नहीं कर पाता था तो उसे उस

अत्याचारी जमादार के लातों, घूसों के साथ डंडे के प्रहार का भी सामना करना पड़ता था। चाहे हम सबको कितनी भूख क्यों न लगी हो, इस आतंक की भनक लगते ही हमारी भूख-प्यास उड़ जाती थी। हम खड़े हो जाते और कोल्हू के बैल की तरह हत्थे को धकेलकर मशीन को चलाने के काम में लग जाते। हमारे चेहरे से पसीना टपक रहा होता और उस पसीने की बूँदे दूसरे हाथ में पकड़े हुए बरतन में गिरती रहतीं। मैंने कैदियों को इस दयनीय हालत में काम करते हुए देखा है कि किस तरह वे जल्दी-जल्दी अपनी प्लेट का खाना किसी तरह निगलकर उसी समय कोल्हू चलाने लग जाते थे। भूखे पेट रहकर इतना कठोर परिश्रम नहीं किया जा सकता था। इसी हालत में 'कोल्हू' का काम शाम 5 बजे तक करना पड़ता था, बिल्कुल उसी तरीके से जैसा मैंने पहले बताया है। सौ में से कोई एक मजबूत कद काठी वाला ही अपने रोज के तीस पौंड तेल निकालने के काम को मुश्किल से पूरा कर पाता था। बाकियों को तो सूखे नारियल के गूदे में से इतना तेल निकालने के लिए दो दिन लग जाते थे। इस पूरी प्रक्रिया में नए, साधारण और अनुभवहीन लोगों को सबसे ज्यादा कष्ट झेलना पड़ता था। जब वे अपने द्वारा निकाले गए तेल की मात्रा को जमादार के सामने उड़ेलते थे तो बहुत ज्यादा पिटाई की जाती थी और फिर वे आँखों में आँसू भरकर और दर्द से कराहते हुए अपनी कोठरी में वापस चले जाते थे। मुझे उनके रोते हुए चेहरे आज भी याद हैं।''[24]

अपने स्वयं के कोल्हू पर अनुभव के बारे में सावरकर लिखते हैं—

> ''मैंने अपनी कमर के चारों ओर एक मामूली धोती का टुकड़ा पहना था। मेरा काम ठीक छह बजे शुरू होकर दस बजे तक लगातार चलता। लगातार गोल-गोल घूमने के कारण मुझे चक्कर आने लगते। मेरा सारा शरीर दुखने लगता और जैसे ही मैं सोने के लिए बिस्तर पर लेटता मुझे बुखार सा महसूस होने लगता, जिससे मैं पहले जैसी गहरी नींद नहीं सो पाता।

अगली सुबह उठकर फिर उसी काम में जुट जाना पड़ता। इस तरह से एक सप्ताह बीतने के बाद भी मैं अपना कोटा खत्म नहीं कर पाया। एक दिन मि. वैरी. मेरे कमरे के पास आकर ऊँची आवाज में चिल्लाने लगे दूसरे कमरे का कैदी अपना रोज का कोटा तीस पाउंड नारियल तेल ठीक दो बजे तक दे देता है। तुम शाम तक काम करते हो और फिर भी तुम्हारा दो पाउंड तेल कम है। तुम्हें शर्म आनी चाहिए।''[25]

जब मैं कोल्हू चला रहा होता तो मेरे पड़ोस के एक-दो कैदी चुपके से खिसक जाते और कभी-कभी मेरी मदद कर देते। उनमें से कुछ मेरे मना करने के बाद भी मेरे कपड़े धो देते, हालाँकि उन्हें स्वयं अनेकों मुश्किलों को सहन करना पड़ता था। वे मेरा पानी पीने का बतरन और खाने की प्लेट भी धो देते। वह कमीना अफसर और जमादार अकसर इस बात के लिए उनकी पिटाई कर देते पर फिर भी वे सच्चे मित्रों की तरह रोज के काम में मेरी मदद करते। मैंने बहुत बार उन्हें रोकने की कोशिश की। मैं भी कभी-कभी चुपके से उनके कपड़े धो देता और जब उन्हें पता चलता तो उन्हें बहुत दुःख होता। वे सच में अपने घुटनों के बल बैठ जाते और मुझे ऐसा करने से मना करते··· जब भी मैं उनकी उदारता और अपने प्रति गहरी मित्रता को याद करता हूँ तो उनके प्रति नतमस्तक हो जाता हूँ। मैं यह भी महसूस करता हूँ कि मेरा यह कर्तव्य बनता है कि मैं उस जेल के अपने साधारण से दिखने वाले भाइयों के प्रति उनकी मदद और उदारता के लिए तथा उस सम्मान के लिए, जो उन्होंने दिया आभार व्यक्त करते हुए उनके योगदान को इन पन्नों में दर्ज करूँ। मैं उनकी इस दयालुता और स्नेह की अनेकों कहानियाँ सुना सकता हूँ। लेकिन मैं

ऐसा न करते हुए उन सबके प्रति गहरा आभार व्यक्त करता हूँ।[26]

जेल में पहली बार अपने भाई से भेंट

उनको, अपने भाई जो कि उसी जेल में थे, से पहली बार भेंट होने पर सावरकर लिखते हैं—

उनके (भाई) दिल को यह जानकर गहरा धक्का लगा कि मैं भी यहाँ था··· उन्होंने तो बड़ी उम्मीद और गर्व के साथ मुझे इंग्लैंड जाते हुए देखा था। अब उन्होंने मुझे टूटी उम्मीदों और असफलताओं की राख अपने बदन पर मले हुए, दीनहीन अवस्था में देखा··· एक ऐसा दृश्य, जिसने उनके होश उड़ा दिए··· हम आए, एक-दूसरे को देखा और बिछड़ गए। इतनी सी मेरी उनसे भेंट हुई।[27]

अपने साथ होने वाले व्यवहार के बारे में सावरकर लिखते हैं—

"अंडमान में अपनी सजा के पहले छह महीनों तक एकांतवास वाले कैदी जैसा व्यवहार किया गया। दरअसल लगभग सभी कैदियों को उनकी सश्रम कारावास की छह महीने की अवधि पूरी होने पर काम करने के लिए बाहर भेज दिया जाता था। लेकिन जब उन्हें बाहर ले जाया जाता था तो उस समय मुझे एकांत कोठरी से छोड़ा जाता था। तब भी मुझे दूसरे व्यक्तियों से मिलने की अनुमति नहीं होती थी, केवल अपने कमरे के दरवाजे के सामने की गैलरी में बैठाया जाता था और वह भी बिल्कुल अकेले। बाकी राजनैतिक बंदियों को अपने ब्लॉक में रहने वाले पड़ोसियों तथा साथ काम करने वाले व्यक्तियों के साथ बात करने और घूमने की आजादी थी। केवल मुझे ही अकेला रखा जाता था। मुझ पर विशेष नजर रखी जाती

थी, ताकि मैं अपने साथ के लोगों के साथ कोई संपर्क न रख सकूँ। मैं उस समय अपने कमरे के सामने वाली गैलरी में अपना रोज वाला रस्सी बाँटने का काम करते हुए बैठा रहता था। शाम को मुझे अपने कमरे में भेजकर रात भर के लिए ताला लगा दिया जाता था। इस उबाऊ दिनचर्या को चलते सालों बीत गए। इन सबमें सुबह और शाम के भोजन का समय अपवाद था। दिन के ये दो घंटे ऐसे थे, जब मुझे आदमियों की शक्ल देखने और उनके साथ थोड़ी-बहुत बातचीत करने का मौका मिलता था।''[28]

अंडमान जेल में मुसलमानों और शुद्धि आंदोलन पर विचार

जिस दिन से सावरकर ने अंडमान की जेल में कदम रखा था, उनका ध्यान इस बात की ओर गया कि किस प्रकार हिंदू कैदियों के मन में डर बैठाने के लिए जेल के अधिकारियों द्वारा विशेष रूप से मुस्लिम वार्डनों को रखा जाता था। वे लिखते है कि किस प्रकार डरा-धमकाकर धर्म परिवर्तन के लिए मजबूर किया जाता था—

''चौदह साल की जेल के अनुभव से मैं यह बात किसी डर और पक्षपात के बिना दावे के साथ कह सकता हूँ कि इस कारावास रूपी मस्जिद में एक साल में जितने हिंदुओं को इस्लाम धर्म में परिवर्तित किया जाता है, उतने तो शायद दिल्ली या बॉम्बे की जामा मस्जिद में भी नहीं किए जाते।''[29]

वे यह भी बताते हैं कि किस प्रकार मुसलमानों का एक छोटा सा वर्ग अंडमान की जेल में यह सब कर रहा था और यह भी कि इन सबके लिए कहीं-न-कहीं हिंदुओं की भी गलती थी—

इस कारावास के जीवन के बारे में बताते हुए हमारे मुसलमान भाइयों के कारनामों के बारे में और उस जीवन के एक हिस्से

के रूप में शुद्धि और संगठन आंदोलन के बारे में जिक्र करना हमारे लिए अत्यंत दुर्भाग्यपूर्ण है। ऐसा इसलिए, क्योंकि अंडमान में कैदियों की पूरी कालोनी में वे सबसे अधिक जुनूनी और सबसे शरारती तत्त्व थे। इस द्वीप में मिले बाकी भले और ईमानदार मुसलमानों के साथ मेरे संबंध काफी अच्छे रहे। वे मेरी इज्जत करते थे और मैं उनकी। उस कॉलोनी के सभी कैदी मेरा सम्मान करते थे। जोर-जबरदस्ती से धर्म परिवर्तन के मुद्दे को छोड़कर मैं हमेशा यह कोशिश करता था कि सभी के साथ न्याय हो और मैं हमेशा जाति, नस्ल या धर्म की परवाह न करते हुए हर हाल में और हर व्यक्ति के लिए तानाशाही और दमन के विरुद्ध जाते हुए न्याय का पक्ष लेता था। इस स्याह जेल के नरक को, इसमें रहने वाले सभी लोगों के लिए रहने लायक जगह बनाने में और इसके अधिकारियों को सबक सिखाने में यदि मुझे थोड़ी सी भी सफलता मिलती तो इसका लाभ जितना हिंदुओं को मिलता उतना ही मुसलमानों को भी मिलता और दोनों ही इसके लिए मेरे प्रति बराबर का आभार जताते कि मैं पूरी तरह से न्यायपूर्ण और निष्पक्ष था। यह इसी तथ्य से उपजा था कि यदि मैंने मुसलमानों पर हिंदुओं के धर्म परिवर्तन का आरोप लगाया था तो मैंने इस बात को भी नहीं छुपाया था कि इस सबका कारण कहीं-न-कहीं स्वयं वे कट्टरपंथी हिंदू थे, जो धर्म के बारे में मुर्खतापूर्ण धारणा को बढ़ावा देते थे। धर्म परिवर्तन का मामला हिंदू समाज में फैली पवित्रता और अपवित्रता, छूत और अछूत, धर्म परिवर्तन और पुनः धर्म परिवर्तन जैसी सामाजिक कुरीतियों का परिणाम था।

इन गतिविधियों में संलग्न होते हुए भी मैंने हमेशा इस बात

पर जोर दिया है कि हिंदू समाज में शुद्धि और संगठन दोनों आंदोलन भारत के दोनों समुदायों के बीच कड़वाहट का नहीं, बल्कि सम्यक ज्ञान और सम्यक समझ पर आधारित एकजुटता का जरिया था।

अंडमान में मेरे रोष का मुख्य कारण यही था। मैंने वर्ष 1913 में शुद्धि के इस कार्य को आरंभ किया और उसी वर्ष इसके पक्ष में अपनी पहली लड़ाई लड़ी। उस दिन से 1920-21 तक मैंने अंडमान में काम किया, 1921-24 तक अपने भारत में कारावास के दिनों में जारी रखा और 1924 में जेल से छूटने के बाद से आज तक मैं इसका पीछा कर रहा हूँ और मैंने इस काम का बीड़ा सब लोगों की स्वतंत्रता, न्याय और निष्पक्षता के लिए ही उठाया है। मेरे मन में ईसाइयों, मुसलमानों और काफिरों के लिए कोई घृणा नहीं है। मैं उनमें से किसी को भी तिरस्कार या निंदा के भाव से नहीं देखता हूँ। मैं तो केवल इसके उस वर्ग का विरोध करता हूँ जो दूसरे के प्रति दमनकारी और हिंसक है। क्योंकि मेरा यह दृढ विश्वास है कि शुद्धि आंदोलन अपने आप में ही हिंदुओं और मुसलमानों के बीच सेतु का काम करेगा और दोनों समुदायों के भले के साथ-साथ पूरे भारत के लिए भी लाभकारी होगा।''[30]

1915 तक सावरकर की सेहत काफी गिर चुकी थी। लगातार दस्त, बुखार और बेआरामी ने उन्हें थका दिया था। जब भी वे बीमार पड़ते तो दूसरे मरीजों की तरह उन्हें अस्पताल नहीं ले जाया जाता, बल्कि एकांत कोठरी में रखा जाता। उनकी जेल की अवधि के 8वें साल में जाकर कहीं उन्हें अस्पताल ले जाया गया और कुछ आराम करने की अनुमति मिली।[31]

सावरकर के सेल्यूलर जेल में निर्वासन की कहानी 500 से भी अधिक पृष्ठों में समायी है। हर पृष्ठ रोंगटे खड़े करने वाला और कुछ दिनों तक

सोचने पर मजबूर करने वाला है। इस स्थिति में होने के बावजूद भी उन्होंने न केवल अपना संतुलन बनाए रखा, बल्कि अपने शरीर और दिमाग को यथासंभव अच्छे उद्देश्य के लिए प्रयोग किया।

लोकमान्य तिलक की मृत्यु की सूचना

"लगभग इसी समय में लोकमान्य तिलक के निधन की सूचना अंडमान पहुँची। रात में यह खबर हमें एक उड़ती हुई अफवाह के तौर पर मिली और अगली सुबह यह खबर पक्की निकली। मेरा मन इस खबर से बेचैन हो गया और मेरी आत्मा को कहीं शांति नहीं मिल रही थी। समझ नहीं आ रहा था कि उस दुःख को हम कैसे प्रकट करें? सुबह आठ बजे के करीब यह निर्णय लिया गया कि उस दिन पूरे अंडमान में सभी उपवास करें और अगले दिन अलग-अलग समूहों में शोक सभा आयोजित की जाए। मैंने इस बारे में अपने साथियों को सूचना दी। उन्होंने पूरे द्वीप में और जेल में अपने गुप्त सूत्रों के माध्यम से इस खबर को पहुँचा दिया। यह खबर और प्रस्ताव पूरे अंडमान में वायरलेस की तरह फैल गया। खाने के समय यह देखने को मिला कि इस स्याह जेल के कैदियों से लेकर दूर-दराज के द्वीप रास में रहनेवाले सभी लोगों ने खाना खाने से मना कर दिया। अधिकारी समझ नहीं पाए कि माजरा क्या था और किसी ने भी उन्हें इस बारे में कुछ नहीं बताया। कहने को तो उन्होंने शोक प्रदर्शन के प्रतीक के तौर पर उपवास किया, जो राजनीति का एक हिस्सा था और अंडमान में एक कैदी की उसी प्रकार कोई राजनीति नहीं होती, जिस प्रकार एक निरीह पशु की कोई आत्मा नहीं होती।"[32]

जेल में गुरुगोविंद सिंह का जन्मदिवस

उनके जीवन के अगले पड़ाव की ओर बढ़ने से पहले सावरकर के अंडमान में प्रवास को लेकर दो और मुद्दे हैं, जिनका उल्लेख आवश्यक है। वे हैं—अंतरजातीय भोज का आयोजन और कैदियों विशेषकर नौजवान कैदियों को शिक्षित करना। जाति के बंधनों को तोड़ने के लिए सावरकर ने सामूहिक भोज की प्रथा शुरू की, जो भारतीय त्योहारों पर ही संभव थी। वे लिखते हैं—

> "जेल के नए कानूनों के तहत जो भी सामाजिक कार्य मैं कर सकता था वह मैंने खुलकर किया। बाकी सब हम पहले की तरह अपने गुप्त तरीकों से करते रहे। उदाहरण के लिए हमने फैसला किया कि हम इस साल जेल में गुरुगोविंद सिंह का जन्मदिन मनाएँगे। मेरा इरादा यह था कि वर्षगाँठ का आयोजन बड़े पैमाने पर किया जाए, ताकि हिंदू और सिख एक-दूसरे के करीब आ सकें और अपनी साँझी संस्कृति को समझते हुए दोनों के बीच एकता का बंधन और मजबूत हो सके। जन्मदिन रविवार को पड़ा और जेल के हर विभाग के कैदी इस आयोजन में हिस्सा ले सकते थे। लेकिन एक विभाग के कैदी दूसरे विभाग के कैदियों के पास नहीं जा सकते थे, इसलिए हर जगह पर अलग समय पर आयोजन करना पड़ा। गुरुगोविंद सिंह के विषय में मेरे भाषण को सुनने के लिए हर कोई उत्सुक था। इस प्रकार मुझे बारी-बारी से दो या तीन चालों में जाने का मौका मिल गया और हर जगह पर मैंने गुरुगोविंद सिंह के बारे में भाषण दिया। एक ही जेल की विभिन्न चालों में वर्षगाँठ के इन आयोजनों में हिंदुओं और सिखों ने भाइयों की तरह भाग लिया। उन्होंने एक साथ मिलकर भजन गाए, गुरुगोविंद सिंह के जीवन पर भाषण सुने, उनके जीवन की घटनाओं को

सुना और एक स्वर से आपसी एकजुटता की प्रार्थना की। मैं पूजा और प्रसाद डिपो में था। इस प्रसाद को जिसे 'कड़ा-प्रसाद' कहा जाता था, जाति और नस्ल के भेदभाव के बिना सभी कैदियों को वितरित किया गया। एक सामान्य नियम के अनुसार हर रविवार को कैदियों को उनकी अपनी-अपनी कोठरियों में वापस भेज दिया जाता और एक विशेष समय पर उन्हें ताले में बंद कर दिया जाता। उस दिन मैं कोशिश करता कि किसी तरह उन्हें उनके कमरे में तो भेज दिया जाए पर दरवाजा खुला रखा जा सके और जब सारे बड़े अधिकारी वहाँ से चले जाते तो मैं उन्हें खुले आँगन में एकत्रित करके सभा को संबोधित करता। विभिन्न चालों के कैदी मुझे सुनने के लिए आते और बेचारे अधिकारी और दूसरे कर्मचारी, जो अब तक हमारे विचारों से कुछ-कुछ बदलने लगे थे, वे चारों तरफ नजर रखते, ताकि किसी बड़े अधिकारी के अकस्मात दौरे के बारे में समय पर सूचना दे सकें। उनमें से सौ के करीब तो पहरेदारी करने के लिए इधर-उधर बिखर जाते और बाकी सभा में उपस्थित रहते। हम इस मौके पर राष्ट्रीय गीतों को गाते और तब वे पूरे मनोयोग से मेरे भाषण को सुनते। यहाँ उल्लेखनीय है कि हमने एक ऐसी जगह पर गुरुगोविंद सिंह का जन्मदिन मनाया, जहाँ पर कुछ सालों पहले तक एक कैदी का दूसरे से मिलना और बात करना भी अपराध था। नि:संदेह 'मातृभूमि के रूप में भारत' की सौगंध का तो सवाल ही नहीं उठता था और यह सुनिश्चित था कि यदि हम उनसे एक देश, एक राष्ट्र और एक मातृभाषा की बात करें तो उस समय सौ में से कोई एक भी हमारी बात को समझ नहीं पाता।''[33]

जेल में प्राथमिक पाठशाला

"मैंने अपनी अपेक्षाकृत आजादी और तेल डिपो के फोरमैन के तौर पर अपनी ताकत का प्रयोग कैदियों के बीच शिक्षा के प्रसार के लिए उपयोग करने का निश्चय किया। मैंने हमेशा कैदियों की छोटी-बड़ी परेशानियों को दूर करने की कोशिश की थी, यह बात उन्हें पहले से पता थी। इसलिए जब मैंने एक नए अभियान को शुरू करने की इच्छा प्रकट की तो उन्होंने खुलकर मेरा समर्थन किया। मैंने अपनी परियोजना के बारे में उनसे चर्चा की और बाल अपराधियों की शिक्षा के लिए जेल में ही स्कूल खोलने का फैसला किया। मैंने एक शिक्षित राजनैतिक बंदी को उनके अध्यापक के रूप में नियुक्त कर दिया। मुझे दुनिया के दूसरे कई देशों के जेल प्रशासन के बारे में अपनी जानकारी के आधार पर यह पता था कि सही मार्गदर्शन से बहुत से बाल अपराधी अच्छे नागरिकों में बदल गए थे। अध्यापक ने बहुत कुशलता से अपने काम को अच्छे से संपन्न किया। वह उन्हें केवल पढ़ना, लिखना और थोड़ा बहुत गणित सिखाने में ही संतुष्ट नहीं होता था, बल्कि हमारी योजना के अनुसार वह उन विषयों की भी जानकारी देता था जो बच्चों के नैतिक चरित्र को तथा राष्ट्रीय शिक्षा से जुड़े विचारों को मजबूत बनाने में योगदान देने वाले हों। गीता का कोई श्लोक, धर्म ग्रंथों से लिये गए कुछ धार्मिक सूत्र, राजनीति से जुड़ी खबरें, ये सब प्रतिदिन कक्षा में दी जानेवाली शिक्षा का अभिन्न अंग थे। उन्हें हिंदी में और नागरी लिपि में पढ़ना-लिखना सिखाया जाता था। उन्हें कुछ राष्ट्रीय गीतों को दोहराना और गाना सिखाया जाता था। इन गीतों को मैंने अंडमान के स्वतंत्र निवासियों के लिए विशेष रूप से लिखा था। उन्हें हिंदी के

दूसरे अन्य राष्ट्रीय गीत भी सिखाए जाते थे, जो इन द्वीपों में काफी लोकप्रिय थे।''[34]

अंडमान में जीवन का आगे बढ़ना

अंडमान में रहते हुए सावरकर के पास अपने राजनैतिक विचारों को सिद्धांत रूप देने और उन धारणाओं को विकसित करने का पर्याप्त समय था, जो आनेवाले सालों में उनका मार्गदर्शन कर सकें। हमने पहले भी देखा है कि किस प्रकार सावरकर इस बात पर गर्व महसूस करते थे कि 1857 में अंग्रेजों को उखाड़ फेंकने के लिए हिंदू और मुसलमान कंधे से कंधा मिलाकर लड़े थे। उन्होंने इस महान् विद्रोह पर लिखी अपनी कालजयी पुस्तक में इस बात की बार-बार और बड़े विस्तार से चर्चा की है। सेल्यूलर जेल का उनका पीड़ा और यातना से भरा अनुभव अत्यधिक बुरा था, पर जिस बात से उन्हें सबसे अधिक धक्का लगा, वह यह थी कि कैसे हिंदू कैदियों का धर्म परिवर्तन किया जा रहा था। जिस जुनून से हिंदू कैदियों की पहरेदारी के लिए कुछ विशेष वार्डनों को नियुक्त किया जाता था, उसने उनके दिमाग पर गहरी चिंता उत्पन्न करने वाला प्रभाव छोड़ा। अंडमान में रहने वाले हिंदुओं के आत्मसम्मान और गरिमा को वापस हासिल करने का उनका संघर्ष अंडमान में ही शुरू हो गया था।

प्रथम विश्वयुद्ध (1914-1918) के दौरान जब सावरकर का सेल्यूलर जेल में कोल्हू चलाने का काम जारी था, तब भी पूरी दुनिया में स्वतंत्रता के लिए लड़ने वाले क्रांतिकारियों के बीच उनका नाम पहले ही प्रतिष्ठित हो चुका था। फ्रांसिसकों में (1 नवंबर, 1913) को उनके पुराने मित्र लाला हरदयाल द्वारा शुरू किए गए अखबार 'गदर' ने सावरकर के संदेश को दूर-दूर तक फैला दिया था।

युद्ध खत्म होते ही उनको रिहा करने की पुरजोर माँग होने लगी थी। सावरकर ने स्वयं भी अनेक याचिकाएँ लिखी। हालाँकि ये सब पूरी तरह

से राजनैतिक बयानबाजी थी। दूर स्थित अंडमान द्वीप में सावरकर को जेल होना निर्वासन की सजा मात्र नहीं था, बल्कि पूरे देश में चल रही राजनैतिक गतिविधियों से उन्हें दूर रखने की अंग्रेजों की एक बड़ी रणनीति का हिस्सा भी था। वे अपने आप को स्पष्ट तौर पर राजनैतिक बंदी के रूप में देखते थे। वे यह बात जानते थे कि भारत की मुख्य भूमि पर उनकी वापसी एक नए खतरे के रूप में देखी जाएगी। उनकी राजनैतिक विचारधारा, जैसा कि समय बताएगा कांग्रेस के उन वरिष्ठ नेताओं से काफी भिन्न थी, जिन्हें सँभालना अंग्रेजों के लिए सावरकर जैसे लोगों को सँभालने की अपेक्षा काफी आसान था।

मई 1919 के आखिरी हफ्ते में, सावरकर बंधुओं को 8 साल बाद अपने परिवार (विनायक की पत्नी और उनके छोटे भाई, जो अब डॉक्टर था), से मिलने की अनुमति दी गई। (1919-1920) का वर्ष सावरकर बंधुओं के लिए थोड़ा कम तनाव वाला था।

युद्ध की समाप्ति और इससे भी बढ़कर यूरोप में भारतीय सैनिकों द्वारा निभाई गई महत्त्वपूर्ण भूमिका का भारत में ब्रिटिश नीतियों पर प्रभाव स्पष्ट दिखाई दिया। बड़ी संख्या में राजनैतिक बंदियों को रिहा कर दिया गया। लेकिन सावरकर बंधुओं के बारे में कोई विचार तक नहीं किया गया। विनायक पहले ही एक चर्चित नाम थे और क्रांतिकारियों तथा उन सब लोगों के लिए आदर्श बन गए थे जो हिंसा का भी प्रयोग करके अंग्रेजों को भारत से बाहर निकालने के लिए लड़ रहे थे। इसी पृष्ठभूमि में समूचे भारत से उनकी रिहाई की आवाजें उठने लगीं। मई 1920 में, गांधीजी ने 'यंग इंडिया' पत्रिका में लिखा कि क्योंकि किसी भी प्रकार की हिंसा में उनके संलिप्त होने का कोई प्रत्यक्ष ठोस सबूत नहीं था, इसलिए सरकार को उन्हें रिहा कर देना चाहिए। केंद्रीय विधान सभा और प्रांतों की परिषदों ने इस मुद्दे को उठाया कि सावरकर बंधुओं को लगातार बंधक बनाकर रखा जा रहा था, जबकि दूसरे कैदियों की सजाएँ माफ की जा रही थी।

अंडमान जेल में सावरकर जैसे कैदियों को साल में दो पत्र लिखने और प्राप्त करने की अनुमति थी। सावरकर जैसे महान् बुद्धिजीवी के लिए ये पत्र न केवल अपने परिवार के साथ विचारों को सांझा करने, बल्कि अन्य महत्त्वपूर्ण मुद्दों पर भी लिखने के अच्छे अवसर थे। इनमें से कुछ पत्र तो श्रेष्ठ कृतियाँ हैं, जो एक सच्चे राष्ट्रवादी के रूप में सावरकर के राष्ट्रीय मुद्दों पर गहरी समझ का परिचायक है।

सावरकर ने लगभग 40 विभिन्न शीर्षकों के अंतर्गत लिखा, जिनमें कुल मिलाकर 5000 से भी अधिक छपे हुए पृष्ठ थे। उनकी अंडमान की बहुत सी कविताएँ जेल की दीवारों पर उनके जूते की कील से खुरचकर लिखी गईं। कभी-कभी वे लेखों और कविताओं को याद कर लेते थे और आगे पहुँचाने के लिए अपने साथी कैदियों को बोलकर सुनाते।

अंडमान से लिखे पत्र

पत्र दिनांक : 15 दिसंबर, 1912

सर्वप्रिय भ्राता,

इस प्रकार, 18 महीने के बाद मुझे दोबारा कलम और स्याही को छूने का अवसर मिला है। इतने समय में तो कोई भी लिखने की कला जल्दी ही पूरी तरह से भूल सकता है। आप इस देरी को लेकर बहुत उत्सुक होंगे। परंतु क्योंकि आपको हमारे प्रिय बाबा (बड़े भाई भी उस समय उसी जेल में थे) का पत्र जुलाई में मिला होगा, इसलिए मैंने सोचा कि एकदम उसी समय की बजाय कुछ महीनों बाद हमारी खैर खबर मिलना आपके लिए ज्यादा विश्वसनीय होगा। यह जानकर अत्यंत प्रसन्नता हुई कि आपने मेडिकल कॉलेज में दाखिला ले लिया है और आपकी पढ़ाई ठीक से चल रही है। आपको यह कोर्स कैसा लग रहा है? मेरे लिए तो यह एक नेक पढ़ाई है। मैं तो चाहूँगा कि

आप मेडिसिन के साथ-साथ शरीर क्रिया विज्ञान की भी विशेष रूप से पढ़ाई करें। कृपया इसे व्यवसाय के रूप में नहीं, बल्कि अपने शौक के तौर पर अपनाएँ। इससे तो नेकी और करुणा के कभी न खत्म होने वाले रास्ते खुल जाते हैं। इस व्यवसाय को पूरी दुनिया में सम्मान की दृष्टि से देखा जाता है, अफ्रीकी जनजाति होटेनटोट के साथ-साथ आर्यों में भी। शरीर रूपी मंदिर जहाँ आत्मा रहती है का अध्ययन अपने आप में आत्मा का ही अध्ययन है।

और तुम्हें बंगाल कैसा लगा? अब तक तो तुम दुर्गा पूजा की छुट्टियों के बाद कलकत्ता वापस आ गए होगे और बिल्कुल बंगाली बाबू जैसे लगते होगे- है न? 'मराठी' तो भूल गए होंगे? ध्यान रखना कहीं कुछ और न खो देना। क्योंकि मुझे डर है कि कहीं यह सुनने को न मिल जाए कि उन चालाक बंगालियों में से किसी ने तो तुम्हारा दिल चुरा लिया है। हालाँकि अगर मैं अपनी बात करूँ तो मुझे बंगाली भाभी पाकर प्रसन्नता होगी। मैं तो जितनी दृढता से इस पक्ष में हूँ कि हिंदुओं के बीच अंतर्प्रातीय विवाह होने चाहिए, हमारे राष्ट्रीय जीवन के इस पड़ाव पर यूरोपीय लड़कियों से शादी के प्रचलन का उतना ही कट्टर विरोधी भी हूँ।

मैं सुबह पाँच बजे की घंटी बजते ही उठ जाता हूँ। इसकी आवाज से मुझे ऐसा लगने लगता है जैसे मैंने उच्च शिक्षा के लिए किसे बड़े कॉलेज में दाखिला ले लिया है। फिर दस बजे तक हम पूरे जोश से अपना काम करते हैं। जिस समय मेरे हाथ-पैर स्वचालित ढंग से दिया हुआ काम कर रहे होते हैं मेरी आत्मा सभी परेशानियों से बचते हुए सुबह की सैर के

लिए, सागरों और महासागरों को पार करते हुए, पहाड़ियों और घाटियों के ऊपर, यह केवल सुहावनी चीजों का रसपान करते हुए उसी प्रकार घूमने लगती है जैसे फूलों के बीच भँवरा मंडराता है। तब मैं कुछ नई पंक्तियाँ लिखता हूँ। फिर हम दोपहर 12 बजे खाना खाने के बाद फिर से काम में जुट जाते हैं। 4 बजे के बाद आराम और पढ़ना-लिखना रहता है। यहाँ पर जीवन का यही सामान्य सा चक्र है।''[35]

सावरकर एक बहुत ही बड़े बुद्धिजीवी और एक महान् पाठक थे, जिन्हें विश्व और उसके इतिहास की गहरी समझ थी। उसी लंबे पत्र में (उपरोक्त) उन्होंने लिखा—

''पत्र के उत्तर में कृपया लिखना कि हमारी मातृभूमि पर सब कैसा चल रहा है? क्या कांग्रेस एकजुट है? क्या यह राजनैतिक बंदियों की रिहाई के लिए हर साल प्रस्ताव पास करती है, जैसा उसने 1910 में इलाहाबाद में किया था? क्या टाटा आयरन वर्क्स या स्टीम नेवीगेशन जैसा कोई नया उद्यम या कोई नया कारखाना और लगा? 'चीनी रिपब्लिक' का क्या हाल है? क्या यह 'आदर्श राज्य' का सपना साकार होने जैसा नहीं सुनाई देता? इतिहास का एक रोमांचक मोड़! डॉन का यह मानना कि चीन को यह कारनामा कोई एक दिन में ही कर दिखाया है। नहीं! 1850 से ही वे इसके लिए घोर परिश्रम करते रहे हैं, हालाँकि सूरज के निकलने की खबर दुनिया को तब नहीं लगती, जब वह अपना मार्ग बना रहा होता है, बल्कि तब लगती है जब वह वास्तव में उदय होता है। और ईरान, पुर्तगाल और मिस्र का क्या? और क्या दक्षिण अफ्रीका में भारतीय अपनी माँगों को मनवाने में सफल हो रहे हैं? कृपया यह जरूर बताना कि नई परिषदों ने कोई महत्त्वपूर्ण कानून पास किया है

क्या, जैसे कि आदरणीय श्री गोखले का 'शिक्षा विधेयक' और बताना कि तिलक कब रिहा होने वाले हैं?[36]

9 मार्च, 1915 को लिखे एक पत्र के उत्तर में सावरकर अपने भाई को पहले बताते है कि किस प्रकार उन्हें 8 महीने बाद जाकर उसका पत्र मिला था—

"यह सुनकर मेरे मन में खुशी की लहर दौड़ गई कि भारतीय सैन्य टुकड़ियों को यूरोप जाने और दुनिया की बेहतरीन सैनिक शक्ति के विरुद्ध लड़ने की अनुमति दी गई और यह भी कि उन्होंने इतनी शान से अपनी पहचान बनाई और सैन्य गरिमा से सम्मानित हुए। भगवान् का शुक्र है कि अभी तक इस धरती से पौरुष खत्म नहीं हुआ है। यह कितना हास्यास्पद है कि हम विदेशी यात्रा को बढ़ावा देने के लिए भरपूर कोशिश करते रहे हैं और यदि साल में कोई दर्जन भर लोगों को भी भेज सके तो अपने आप को बधाई देते रहे और उधर विधाता ने वह कर दिया जो हम न कर सके—हजारों की संख्या में हिंदू, कट्टरपंथी जैसे गुरखा और राजपूत, नए विचारों वाले जैसे सिख समुद्र पार पहुँच गए और वे भी सरकार के संरक्षण में और अब हमारे पंडित यह जानने के लिए 'शास्त्रार्थ' के अंडे सेते हुए बैठे रहे कि क्या हिंदू को विदेशी यात्रा करनी चाहिए, या नहीं? अनुमति हो या न हो, हिंदू समुद्र पार तो कर ही गए और इसे पार करते-करते उन्होंने एक युग को ही लाँघ दिया है। जो काम धर्मयुद्धों ने यूरोप को एशिया की श्रेष्ठ सभ्यताओं के संपर्क में लाकर किया है, वही काम समुद्र पर हमारी सेनाओं का यूरोपियों के साथ संघर्ष भारत के लिए—एशिया के लिए करेगा"[37] मैं जब तुम्हारी भेजी हुई पुस्तक पढ़ रहा हूँ तो मुझे लगता है कि तेलगू प्रांत में एक नवचेतना, जो पूरे भारत में

अभिव्यक्त होने के लिए संघर्ष कर रही है वह वहाँ हमारे भाइयों को भटका रही हैं। 'आंध्र सभा' एक महान् आंदोलन है लेकिन तमिल से प्रांत को पृथक करने के सवाल को लेकर यह अच्छा नहीं कर रही है। लेकिन जिस बात से मुझे सर्वाधिक पीड़ा हुई और जो तुच्छ प्रांतवाद की इच्छा का ही प्राकृतिक परिणाम थी, वह राष्ट्रीय पुकार 'आंध्र माता की जय' का नारा था। इस छोटी सी बात में हमें तिनके के रूप में एक बड़ी अपशकुन की आँधी के आने का संकेत दिखाई देता है। यह महान् स्वदेशी आंदोलन की सबसे हानिकारक प्रतिक्रियाओं में एक है और इसे समय रहते ठीक कर लिया जाना चाहिए। बंगाल में भी स्वदेशी से जुड़ा बँटवारे का सवाल इसी प्रतिक्रिया का परिणाम है। हर प्रांत अलग होना चाहता है और सिर्फ अपनी दीर्घायु के लिए चिल्ला रहा है! लेकिन राष्ट्र के बिना प्रांत कैसे जीवित रह सकता है? महाराष्ट्र, बंगाल, मद्रास, सभी महान् प्रांत हैं, लेकिन अपने भारत के माध्यम से ही जीवित रह सकते हैं। इसलिए हमें 'आंध्र माता ही जय' नहीं, बल्कि 'भारतमाता की जय' बोलनी चाहिए, क्योंकि आंध्र तो उसका केवल एक अंग है और हमें 'वंग आभार' नहीं, बल्कि 'हिंदू आभार' गाना चाहिए। सभी प्रांतों और तुच्छ भाषाओं को पृथक करने की माँग की बजाय आपस में घुलमिल जाने की कोशिश करनी चाहिए और जो भी अवरोध बचे हैं, उन्हें दूर करना चाहिए।"[38]

□

3

भारत की मुख्यभूमि पर वापसी

पोर्ट ब्लेयर में 2 मई, 1921 को सावरकर बंधुओं की रिहाई के आदेश प्राप्त हुए। कैदियों में प्रसन्नता की लहर दौड़ गई, जबकि विनायक स्वयं इस बात को लेकर उदास थे कि उन्हें अनेकों वर्षों के अपने मित्रों को छोड़कर जाना पड़ेगा।

भारत को मुख्यभूमि पर वापसी के लिए सावरकर बंधुओं को उसी जहाज महाराजा पर ही चढ़ाया गया, जो तब 1911 में उन्हें अंडमान लेकर आया था। कलकत्ता पहुँचने पर उन्हें अलीपुर जेल ले जाया गया। तत्पश्चात् सावरकर के भाई बाबाराव को अलग कर दिया गया और साबरमती जेल में भेजा गया, जहाँ से उन्हें गंभीर रूप से बीमार पड़ने के कारण सितंबर 1922 में छोड़ दिया गया। स्वयं सावरकर को रत्नागिरी जेल में स्थानांतरित कर दिया गया।

रत्नागिरी और हिंदुत्व

यहीं रत्नागिरी जेल में उन्हेंने अपनी कालजयी और सर्वप्रमुख पुस्तक 'हिंदुत्व' लिखी। क्योंकि वे जेल में थे, इसलिए लेखक के तौर पर 'मराठा' नाम दिया गया। तत्पश्चात् जैसा कि समय बताएगा, सारा हिंदुत्व आंदोलन

और हिंदू राष्ट्रवाद इसी पुस्तक से ही निर्देशित होता रहा। आगामी वर्षों में उनकी नीतियों और सार्वजनिक बयानों में एक अटल वचनबद्धता थी, जिसने इस पुस्तक से प्रेरणा ग्रहण की थी। समय बीतने के साथ सावरकर का लहजा और आवाज सख्त होती गई। लेकिन पूरा समय हम पाते हैं कि उनके लिए 'हिंदुत्व' का सही अर्थ क्या था, इस विषय में वे अपने विचारों में अडिग थे, जैसा कि रत्नागिरी में लिखी उनकी पुस्तक में चर्चा की गई है।

1923 में, सावरकर को रत्नागिरी से किसी अन्य जेल में भेज दिया गया। इस बार यह यरवदा जेल थी। 1910 में पहली बार आने के बाद वे यरवदा दूसरी बार आए थे। सरकारी दस्तावेजों में इस प्रश्न का पर्याप्त उत्तर नहीं मिलता कि सावरकर को इतनी जल्दी-जल्दी क्यों इधर से उधर ले जाया जाता था। लेकिन एक संभव व्याख्या यह हो सकती है कि उनका रुतबा इस प्रकार का होने के कारण सरकार हर समय सचेत रहती थी कि एक स्थान पर ज्यादा लंबे समय तक उनकी उपस्थिति दूसरे कैदियों में भी ब्रिटिश विरोधी भावनाओं को प्रेरित करती थी। हमने पहले भी देखा है कि किस प्रकार उन्होंने अंडमान में जेलों के निराशाजनक वातावरण को बदल डाला। अंडमान में उन्होंने अन्य बातों के साथ-साथ प्राइमरी स्कूल शुरू किया, न्यायसंगत भूख हड़तालें आयोजित की, पुस्तकालय शुरू किया, राष्ट्रवाद और इतिहास पर गुप्त वार्त्ताएँ दी। उनकी ऐसी प्रेरणा से जेल के बहुत से अधिकारी उनके इस अभियान के लिए खुद को बदल कर उनके साथ खड़े हो गए।

इस बार यरवदा, जैसा कि सावरकर लिखते हैं कि एक अलग सी जगह थी। यह महात्मा गांधी के असहयोग आंदोलन से जुड़े कैदियों से भरी थी। इसमें कैदियों का एक अन्य वर्ग भी था—वे कैदी, जिन्हें आजीवन निर्वासन की सजा मिली थी और उन्हें अंडमान से लाया गया था और लाहौर षड्यंत्र कांड के कुछ जाँबाज सिख भी थे।

सावरकर को किसी भी लंबी सजा वाले राजनैतिक कैदी से बात तक करने की सख्त मनाही थी।

> "तब मैंने गुप्त तरीके से (अंडमान के अपने पुराने मित्रों) मिलने का जुगाड़ किया··· आँसुओं के साथ हमने एक-दूसरे का अभिवादन किया। अंडमान में हम सबने मिलकर दुःख सहे थे। हम में से कोई भी अपने मित्रों के साथ गद्दारी करके, अपने संगठन के राज बताकर एक दिन में ही आजादी हासिल कर सकता था।"[39]

सावरकर को उन कुछेक कैदियों के व्यवहार को देखकर पीड़ा और हैरानी हुई जिन्हें असहयोग आंदोलन (1921) का पालन करते हुए आमतौर पर कम अवधि के लिए यरवदा जेल में रखा जाता था। जैसा कि वे लिखते हैं—

> "नए आए हुए, असहयोग आंदोलनकारी इन (अंडमान के कैदियों) मँझे हुए सिपाहियों, इन योद्धाओं और क्रांतिकारियों को अपराधियों की भाँति हेय दृष्टि से देखते थे क्योंकि वे गुप्त संगठनों के सदस्य थे··· असहयोग आंदोलनकारियों ने तो दो साल भी जेल में नहीं बिताए थे··· ये शेखीबाज लोग थे और उन लोगों के सामने अपने कष्टों के बारे में डींगें हाँकते थे, जिन्होंने दस साल और इससे अधिक अंडमान की सेल्यूलर जेल में आजीवन निर्वासन की सजाएँ काटी थीं या वे जाँबाज सिख, जो घोर कठिनाइयों में कभी डिगे नहीं थे। मैं गांधीजी के उन सभी अनुयायियों की आलोचना करने लग गया कि उनकी आँखें साफ तौर पर यह देख लें··· चरखे की सहायता से स्वराज··· अहिंसा की भद्दी परिभाषाएँ··· इन नए आनेवालों और नए देशभक्तों के दिमाग में हिंदू संगठनों के बारे में गलत धारणाएँ भरी हुई हैं।"[40]

गांधीजी भी उस समय मात्र एक दीवार के फासले पर यरवदा जेल में ही थे। सावरकर आगे बताते हैं··· "मैंने कभी उनके सिद्धांन्तों और अहिंसा के तरीके का विरोध करते हुए बातों का कीमा नहीं बनाया है···"

जेल से रिहाई–पाबंदियाँ जारी

सावरकर ने 6 जनवरी, 1924 को यरवदा जेल से बाहर कदम रखा। यरवदा में उनका अंतिम भाषण मदन लाल ढींगरा पर था। "हाँ मैं आजाद हूँ। मेरे पैरों में पड़ी लोहे की बेड़िया टूट गई हैं··· मेरी आत्मा अभी भी कैद है, क्योंकि मेरा स्वप्न अभी पूरा नहीं हुआ है··· इसने मेरी आत्मा को झकझोर रखा है।"

जेल से छूटने के बाद सावरकर थोड़े समय के लिए रत्नागिरी के पास एक गाँव में रहे, जो तब तक भी पूरी तरह से प्लेग की बीमारी से मुक्त नहीं हुआ था। तत्पश्चात् सरकार ने उन्हें रत्नागिरी में रहने की अनुमति दे दी।

सावरकर की यरवदा जेल से रिहाई वास्तव में आधी–अधूरी थी। सरकारी आदेश में कहा गया, "सरकारी अनुमति के बिना और आपातकालीन स्थिति में जिला न्यायधीश की अनुमति के बिना रत्नागिरी की सीमाओं से बाहर नहीं जाएँगे।"[41]

1925 में सावरकर ने हाईकोर्ट की बार कॉन्सिल में वकालत के लिए नाम दर्ज कराने की अनुमति माँगी। उनके आवदेन को बिना कारण बताए खारिज कर दिया गया।[42]

यह शायद विषय से बाहर, यहाँ तक कि अनावश्यक प्रतीत होता हो, परंतु उस तरीके का उल्लेख किया जाना आवश्यक है, जिसके द्वारा इतिहासकारों के एक वर्ग ने 1924 में यरवदा जेल से रिहा किए जाने के बाद भी उन पर लगी पाबदिंयों को हटाने की सावरकर द्वारा सरकार से की गई माँग को गलत ढंग से प्रस्तुत किया है। ऐसे विचार इस तथ्य की

उपेक्षा करते हैं कि सावरकर को अपने जीवन के श्रेष्ठतम वर्ष अंडमान की सेल्यूलर जेल में अमानवीय अवस्था में गुजारने पड़े थे। वे तो केवल अपने जीवन के ध्येय को जारी रखना चाहते थे। सावरकर ने अत्यंत असहाय अवस्था में रहने के लिए मजबूर किए जाने के बाद भी सरकार के प्रति अपने विरोध और नापसंद को जारी रखा था, इस बात को समझने के लिए सावरकर के निजी पत्रों को पढ़ना चाहिए। अफसोस जताने या क्षमा माँगने की बात तो दूर, सावरकर ब्रिटिश शासन की बुराईयों की ओर ध्यान आकर्षित करने का एक भी मौका नहीं छोड़ते थे। क्या यह समझना मुश्किल है कि यदि अंग्रेज उनसे डरते नहीं तो वे उन पर ऐसी पाबंदियाँ नहीं लगाते? सावरकर को ब्रिटिश साम्राज्य के लिए गंभीर खतरे के रूप में लिया जाता था। यह उनके बारे में क्या बताता है?

जनवरी 1924 से 1937 तक उनके जेल से रिहा होने के समय से ही उनकी आवाजाही पर सख्त पाबंदी लगाते हुए पुलिस द्वारा सावरकर पर हर दिन और लगभग हर घंटे कड़ी नजर रखी जाती। उन्होंने इन पाबंदियों को हटाने के लिए अनेक बार निवेदन किया, लेकिन हर बार उनकी प्रार्थना ठुकरा दी जाती। उन्होंने सरकार का विरोध जारी रखा। उदाहरण के लिए 1 मार्च, 1925 को उन्होंने *मराठा* के लिए एक लेख लिखा। इसके लिए उन्हें गृह विभाग की ओर से चेतावनी का नोटिस जारी किया गया।[43]

अंततः 10 मई, 1937 को उन पर लगी पाबंदियों को हटा लिया गया और वे वास्तव में स्वतंत्र हो गए "बॉम्बे के गवर्नर को यह निर्देश देते हुए प्रसन्नता हो रही है कि पाबंदियाँ, जो आजीवन निर्वासन की बाकी बची सजा के कारण तुम्हारे ऊपर लगाई गई थीं, उन्हें हटा लिया गया है।[44]

इस प्रकार कुल मिलाकर वे 27 वर्षों से भी अधिक समय तक राजनैतिक बंदी रहे।

डॉ. के.बी. हेडगेवार से भेंट

मार्च 1925 में सावरकर और राष्ट्रीय स्वयंसेवक संघ के संस्थापक डॉ. के.बी. हेडगेवार के बीच एक ऐतिहासिक मुलाकात हुई। भारत के लिए ये बड़े ही कठिन वर्ष थे। असहयोग आंदोलन असफल हो चुका था और राजनैतिक दिशा का अभाव था। डॉ. हेडगेवार बिल्कुल खरे और दृढ राष्ट्रवादी थे, जो एक हिंदू राष्ट्र की धारा में विश्वास रखते थे और एक ऐसी संस्था का निर्माण करना चाहते थे, जो विशेषकर नौजवानों की ऊर्जा और समर्थन को एक आदर्श राष्ट्र के उद्‌देश्य की तरफ मोड़ दे।

इसी समय के दौरान सावरकर ने गांधीजी की अल्पसंख्यकों—विशेषकर मुस्लिमों के प्रति तुष्टिकरण की नीति के विरुद्ध विस्तार से लिखा। अब्दुल रशीद के हाथों स्वामी श्रद्धानंद की हत्या और मोपला दंगे गांधीजी की ओर से घोर निंदा वाली प्रतिक्रिया जगाने में असफल रहे और इससे सावरकर को निराशा हुई। सावरकर को लगता था कि जो कुछ हुआ था, गांधीजी को उसकी सख्त लहजे में निंदा करनी चाहिए थी।

महात्मा गांधी से दूसरी बार भेंट

मार्च 1927 में गांधीजी रत्नागिरी में थे। हालाँकि वे वहाँ किसी और उद्‌देश्य से आये थे, लेकिन जब सावरकर को उनकी उपस्थिति का पता चला तो बुखार होने के बावजूद उन्होंने गांधीजी को अपने निवास पर आने के लिए निमंत्रण भेजा। गांधीजी कुछ अन्य व्यस्तताओं में काट-छाँट करके सावरकर से मिले। वे 1906 से एक-दूसरे को जानते थे और अपने सभी मतभेदों के बावजूद भी अच्छे मित्र थे। इस बार वे लगभग 18 साल बाद मिले थे।

यह एक बड़ी ही सद्‌भावना से भरी मुलाकात थी। सावरकर ने गांधी और कस्तूरबा का गर्मजोशी से स्वागत किया। जाते-जाते गांधी ने सावरकर को बताया कि वे उनके साथ कुछ और दिन बिताना पसंद करते लेकिन

कुछ अन्य व्यस्तताओं के प्रति वचनबद्ध थे। गांधी ने यह टिप्पणी भी की "हमारा लक्ष्य आखिरकार एक है, हम दोनों ही हिंदुवाद और हिंदुस्तान की शान के लिए संघर्षरत हैं।" उन्होंने यह भी कहा, यह स्पष्ट है कि कुछ मुद्दों पर हम असहमत हैं।"[45] नियति कुछ ऐसी रही कि गांधी और सावरकर को दोबारा एक-दूसरे से मिलने का मौका नहीं मिला। यह उनकी अंतिम मुलाकात साबित हुई।

जाति-पाति के बंधनों का विरोध

हम पहले ही जान चुके हैं कि किस प्रकार सावरकर जाति-पाँति और छुआछूत की धारणा का विरोध करते थे। 1925 में तथाकथित अछूतों द्वारा मंदिरों में प्रवेश का मुद्दा महत्त्वपूर्ण बन चुका था। इस बार सावरकर ने सर्व हिंदू गणेश उत्सव की शुरुआत की और अछूतों को रत्नागिरी के विठोबा मंदिर में प्रवेश कराया। इन वर्षों में कुछ ऐसी घटनाएँ घटीं, जिन्होंने सावरकर को वंचित वर्ग के लोगों के हित के लिए खड़ा पाया। अब तक वे अंबेडकर के पक्के समर्थक बन चुके थे। सावरकर पहले से ही अंडमान जेल में त्योहारों आदि के मौकों पर अंतरजातीय सहभोज की अवधारणा की शुरुआत कर चुके थे। 1930 में, उन्होंने पहले ऐसे 'सहभोजन' का आयोजन किया, जिसमें पुराने बंधनों और प्रथाओं को तोड़ते हुए सभी लोगों ने एकसाथ भोजन किया।

जाति-पाति के ऐसे अवरोधों को तोड़ने की सावरकर की सोच अत्यंत तर्कसंगत और निर्माणकारी थी। स्पष्ट रूप से, इसका कोई राजनैतिक कोण नहीं था। वे एकदम निडर थे और लाभ या हानि के हिसाब से नहीं सोचते थे। एक प्रकार से, समाज सुधार की उनकी गतिविधियों महाराष्ट्र में अंबेडकर से भी पूर्वकालिक थीं। सावरकर और अंबेडकर दोनों ही एक-दूसरे के प्रशंसक थे। अपने तौर पर सावरकर डॉ. अंबेडकर और उनके सामाजिक समानता और उद्धार के आंदोलन के बारे में काफी ऊँची सोच

रखते थे। हालाँकि सावरकर ने दलित वर्ग के लोगों के लिए हिंदू धर्म परिवर्तन के अंबेडकर के आहवान का सख्ती से विरोध किया (13 अक्तूबर, 1935)।

तर्कसंगता

सावरकर वैज्ञानिक दृष्टिकोण रखते थे और पूरी तरह से तर्कसंगत विचारों के थे। वे अंधविश्वास से नफरत करते थे और उनका खंडन करते थे और प्राय: कहा करते थे कि अंधविश्वास ने हमारे लोगों को विज्ञान से दूर रखा है, यह अभिशाप है। वे प्राय: कहते थे कि नैतिकता की परिभाषा मानवता की भलाई के साँचे में ढली होनी चाहिए। मशीनों को समर्पित एक उत्कृष्ट लेख में उन्होंने लिखा, ''विज्ञान ने जिसका विनाश किया है, उसे ज्योतिष विज्ञान नहीं बचा सकता और जहाँ विज्ञान द्वारा सुरक्षा को सुनिश्चित किया गया है, ज्योतिष विज्ञान उसे संकटग्रस्त नहीं कर सकता है।''

सावरकर ने अंध प्रथाओं को स्वीकार करने से मना कर दिया और कहा कि प्राचीन ग्रंथों को भी विज्ञान की कसौटी पर कसा जाना चाहिए, ''स्मृतियों और वेदों को हम सम्मान के साथ अपरिवर्तनशील ग्रंथों के रूप में नहीं, बल्कि ऐतिहासिक पुस्तकों और मानवता के विकास की शानदार यात्रा में युगांतकारी पड़ाव के रूप में पंसद करते हैं।'' वह हिंदुओं से विशेष तौर पर यह चाहते थे कि उन्हें प्राचीन ज्ञान और कानूनों को विज्ञान की कसौटी पर कसना चाहिए। उनके हिसाब से कोई भी पशु पवित्र नहीं होता। वे गौ पूजा नहीं, बल्कि गौ संरक्षण चाहते थे।

1930 और 40 के दशक में राजनीति

जैसे-जैसे देश स्वतंत्रता की ओर गति पकड़ रहा था, राजनैतिक विभाजन और तीखे होते जा रहे थे। मुद्दे और जटिल बन गए थे। उदाहरण

के लिए, जल्द ही 1937 (13 दिसंबर) को नागपुर में बोलते हुए उन्होंने चेतावनी दी थी कि कश्मीर रियासत में उभरता हुआ दृश्य कोई अच्छा लक्षण नहीं था। वे शायद पहले ऐसे कद्दावर नेता थे, जिन्होंने यह भविष्यवाणी की कि यदि समय रहते रोका नहीं गया तो एक दिन कश्मीरी हिंदू गहन संकट में पड़ जाएँगे।

मुस्लिम लीग के राजनैतिक एजेंडे के रूप में पाकिस्तान की अवधारणा की औपचारिक घोषणा होनी अभी बाकी थी, लेकिन लीग पहले से ही स्पष्ट तौर पर धर्म के आधार पर भारत के विभाजन के रास्ते पर चल पड़ी थी। सावरकर के अनुसार यही वह खतरा था, जिसकी ओर, वह लंबे समय से ध्यान आकर्षित करने का प्रयास कर रहे थे। मुस्लिम लीग का लहजा जितना सख्त होता गया, सावरकर उतना ही अधिक हिंदुत्व पर बोलते। समूचे देश में अनेकों भाषणों में, विशेष रूप से हिंदू महासभा के वार्षिक अधिवेशन में अध्यक्षीय अभिभाषण में, वे इस मुद्दे पर खुलकर बोले।

इन दिनों के दौरान के उनके विचारों के कुछ उदाहरण समीचीन होंगे। नागपुर (1938) में हिंदू महासभा के 20वें अधिवेशन के मौके पर अपने अभिभाषण में उन्होंने कहा—

हिंदू राष्ट्रवादियों को क्षमाप्रार्थी नहीं होना चाहिए

''तथ्य यह है कि राष्ट्रवाद और संप्रदायवाद अपने आप में समान रूप से न्यायसंगत और मानवीय है या नहीं। राष्ट्रवाद जब आक्रमक होता है तो यह मानवता के संबंध में उतना ही अनैतिक होता है, जितना कि संप्रदायवाद, जब यह दूसरे संप्रदायों के समान अधिकारों को दबाने की तथा सब कुछ खुद हड़प जाने की कोशिश करता है। लेकिन संप्रदायवाद भी जब केवल सुरक्षात्मक होता है तो यह उतना ही न्याय

संगत और मानवीय होता है जितना कि खुद राष्ट्रवाद। दूसरों से संबंध रखने वाली किसी भी चीज को हड़पना हिंदू राष्ट्रवादियों का उद्‌देश्य नहीं है। इसलिए, यदि उन्हें हिंदू संप्रदायवादी कहकर पुकारा जाता है तो वे न्यायसंगत रूप में ऐसे ही हैं और केवल वास्तविक भारतीय राष्ट्रवादी हैं। क्योंकि, एक सच्चा और न्यायसंगत भारतीय राष्ट्रवाद उन सभी संप्रदायों के प्रति सहिष्णु होना चाहिए जो भारतीय राष्ट्र के घटक हैं··· भारतीय राष्ट्रीय कांग्रेस अपने आपको एक राष्ट्र विरोधी संस्था के रूप में खंडन ही करती है, जब यह एक ही साँस में हिंदू महासभा और मुस्लिम लीग को देशद्रोही मानते हुए समान रूप से सांप्रदायिक संस्थाएँ कहकर पुकारती है। परिणामस्वरूप, यदि अपने ही देश में हिंदुओं के न्यायोचित अधिकारों की सुरक्षा करना सांप्रदायिकता है तो हाँ हम अव्वल दरजे के साम्प्रदायिक हैं और सबसे ज्यादा समर्पित हिंदू संप्रदायवादी होने में शान समझते हैं और जिसका हमारे लिए अर्थ सबसे सच्चे और सबसे न्यायसंगत भारतीय राष्ट्रवादी होना है।''[46]

सिंध प्रांत की सरकार ने *'सत्यार्थ प्रकाश'* पर प्रतिबंध लगा दिया। सावरकर सबसे पहले व्यक्ति थे, जिन्होंने इसका पुरजोर विरोध किया। गवर्नर को लिखते हुए उन्होंने कहा—

''हिंदू ग्रंथ पर प्रतिबंध लगाने का परिणाम कुरान के कुछ अंशों पर प्रतिबंध लगाने की माँग के रूप में हो सकता है।[47]

हिंदू संगठनवादी कांग्रेस का बहिष्कार करें

''राजनैतिक ताकत पर कब्जा करने के नुस्खे की सबसे आसान औषधि की ओर संकेत करने और हिंदू संगठन आंदोलन को कोई व्यवहारिक नुकसान पहुँचाने से कांग्रेस को रोकने के लिए आगे बढ़ने से पहले, हम

सही मायने में यह घोषणा करें कि हम न तो स्वयं कांग्रेस और न ही इसके नेताओं और अनुयायियों का विरोध करने आए हैं। मि. जिन्ना बिल्कुल ठीक फरमाते हैं कि अपनी स्थापना से लेकर आज के दिन तक कांग्रेस एक हिंदू संस्था बन चुकी है, जिसमें अधिकतर हिंदू लोग, हिंदुओं का धन और हिंदुओं के बलिदान शामिल हैं। उनमें से कुछ आज भी सच्चे देशभक्त हैं। वे गलत हो सकते हैं, पर धूर्त नहीं हो सकते और वे सभी हमारे अपने भाई बंधु ही हैं। उनमें कुछ मुसलमान, जिन्हें हालाँकि हिंदू नेताओं की आत्मघाती मूर्खता के जरिए समय-समय पर कांग्रेस की नीति को संचालित करने की अनुमति भी दी गई, वे मात्र दिखावे के लिए हैं और उन्हें 'संयुक्त भारतीय राष्ट्र' के भौंडे प्रदर्शन के लिए केवल गिनती के लिए रखा गया है। हमारा उद्‌देश्य एक संस्था के तौर पर कांग्रेस से कोई द्वेष रखना नहीं है, बल्कि इसकी हिंदू विरोधी नीति को दंड देना, असहनीय पाखंड का इलाज करना है, जो इसके लाठी चार्ज और अंग्रेजी संगीनों सहित, मन, वचन, कर्म से अहिंसा, पूर्ण अहिंसा और केवल अहिंसा के साथ खुशी-खुशी चलते हुए, सत्य, पूर्ण सत्य और केवल सत्य का मुखौटा ओढ़े हुए अपनी अकड़ के कारण और भी हानिकारक है।''[48]

1942 में हिंदू महासभा का 24वाँ अधिवेशन

''हालाँकि हम स्वराज चाहते हैं, पर उस स्वराज का मतलब ऐसा हिंदुस्तानी स्वराज होना चाहिए, जिसमें हिंदुओं, मुसलमानों और बाकी सभी नागरिकों की समान जिम्मेदारियाँ, समान कर्तव्य और समान अधिकार हो। ऐसा स्वराज कदापि सहन नहीं करेगा कि कोई विशेष समुदाय धर्म के आधार पर अपने आप को केंद्रीय सरकार से अलग करे, हमारे देश के किसी हिस्से की माँग करे जो एक ऐसा अपरिहार्य आधार है, जिस पर हमारा यह राष्ट्रीय स्वराज खड़ा है और किसी भी समुदाय की ओर

से ऐसे आक्रामक दावे को केंद्रीय सरकार की संयुक्त ताकत के द्वारा तुरंत एक देशद्रोही कृत्य मान लिया जाएगा। दूसरा, यह विश्वास करना मूर्खता है कि इंग्लैंड किसी एकजुट माँग की प्रतीक्षा कर रहा है और जैसे ही हिंदुओं और मुसलमानों द्वारा हस्ताक्षर किया हुआ वह कागज का टुकड़ा उसे सौंपा जाएगा तो वह भारत छोड़कर चला जाएगा। मैं पुरजोर तरीके से कहता हूँ कि यहाँ तक कि यदि कांग्रेस, हिंदू महासभा और लीग सभी करोड़ों भारतीय नागरिकों द्वारा हस्ताक्षर किया हुआ संयुक्त माँग-पत्र भी रख दें और एक स्वर से स्वतंत्रता की माँग रखें तो ब्रिटेन केवल माँगने से यह कदापि नहीं देगा।''[49]

हिंदुत्व, हिंदू धर्म से भिन्न है

''हिंदुत्व शब्द नामों की उस श्रेणी से संबंधित है, जो मानवता के लिए जीवन और प्रेरणा का अजस्र स्रोत रहा है, हमें जिसकी मुख्य प्रकृति और महत्त्व की जाँच करनी है। वे विचार और आदर्श, व्यवस्थाएँ और समाज, सोच और भावनाएँ, जो इस नाम के इर्द-गिर्द घूमती रही हैं, अत्यधिक विविध और संपन्न, ताकतवर और प्रभावी तथा इतनी स्पष्ट हैं कि हिंदुत्व शब्द विश्लेषण के सभी प्रयासों से परे है।

''इसे इस रूप में ढालने में ज्यादा नहीं तो 40 सदियाँ तो लगी हैं। अनेक संत और कवि, वकील और कानूनिर्माता, शूरवीर और इतिहासकार विचार करते रहे, जिए, लड़े और मरे भी सिर्फ इसलिए कि वे इसे इस प्रकार लिख सकें। क्या वास्तव में यह उन अनगिनत क्रियाकलापों का परिणाम नहीं है—जो हमारी समूची नस्ल के लिए आज विवादित, मिश्रित और सहयोगात्मक है? हिंदुत्व एक शब्द नहीं, बल्कि एक इतिहास

है। एक अन्य सजातीय शब्द हिंदुवाद के साथ भ्रांति उत्पन्न होने के कारण कभी-कभी न केवल हमारे लोगों के अध्यात्मिक और धार्मिक इतिहास को, बल्कि संपूर्ण इतिहास को ही गलत समझ लिया जाता है। हिंदूवाद तो हिंदुत्व का मात्र एक व्युत्पन्न, आंशिक भाग है। जब तक बाद वाले शब्द का अर्थ स्पष्ट न किया जाए, तब तक पहला शब्द समझ से बाहर और अस्पष्ट रहता है। इन दोनों शब्दों के बीच अंतर समझने में असफलता ने कुछ उन सहोदर समुदायों के बीच आपसी मनमुटाव को जन्म दिया है, जो हमारी हिंदू सभ्यता के इस अकूत और साझे खजाने के उत्तराधिकारी रहे हैं। जैसे-जैसे हमारा तर्क आगे बढ़ेगा, इन दोनों शब्दों में मौलिक अंतर क्या है, यह स्पष्ट होता जाएगा। यहाँ इतना ही संकेत करना पर्याप्त है कि हिंदुत्व भ्रांतिपूर्ण व्याख्या वाले हिंदूवाद का समानार्थी नहीं है। सामान्यत: 'वाद' का अर्थ कमोबेश आध्यात्मिक या धार्मिक कट्टरता या व्यवस्था पर आधारित किसी सिद्धांत या किसी नियमावली से होता है। लेकिन जब हिंदुत्व के अनिवार्य महत्त्व की खोजबीन करने का प्रयास करते हैं तो हम मुख्यत: और निश्चित तौर पर स्वयं को किसी विशेष आस्था या धार्मिक कट्टरता या नस्ल से संबंधित नहीं हो पाते हैं। यदि भाषायी प्रचलन हमारा रास्ता रोककर न खड़ा होता तो 'हिंदुता' शब्द 'हिंदूवाद' की अपेक्षा अधिक सटीक और हिंदुत्व के ज्यादा समानांतर होता। हिंदुत्व समूचे लोगों या हमारी हिंदू नस्ल के विचारों और क्रियाकलापों के सभी विभागों को गले लगाता है। इसलिए, हिंदुत्व शब्द के महत्त्व को समझने के लिए हमें पहले स्वयं हिंदू शब्द का सही अर्थ समझना चाहिए और महसूस करना चाहिए कि किस प्रकार

इसने करोड़ों लोगों के दिलों पर राज किया है और उनकी प्रेमपूर्ण निष्ठा हासिल की है।''[50]

पंजाब में

अपने धर्म की रक्षा के लिए सिख गुरुओं द्वारा दिए गए महान् बलिदानों को सावरकर बहुत अधिक मानते थे। वे बहुत से उन सिख कैदियों के काफी निकट थे जो अंडमान जेल में उनके साथ थे। वे सिखों के साहस की भूरि-भूरि प्रशंसा करते थे। इस प्रकार जब उन्होंने मई 1938 में पंजाब का दौरा किया तो स्वाभाविक रूप से वे बहुत उत्साहित थे। अमृतसर के स्वर्ण मंदिर में, जहाँ मास्टर तारा सिंह के नेतृत्व में हजारों की संख्या में लोग जुटे थे, उनका भव्य स्वागत हुआ। जब सावरकर अमृतसर पहुँचे तो लगभग 60,000 लोगों ने एक जुलूस के साथ शहर में उनकी अगुवाई की। *'द ट्रिब्यून'* ने उनके इस दौरे के बारे में विस्तार से लिखा—

> ''पिछले तीन दिनों के दौरान उनके (सावरकर) द्वारा दिए गए भाषणों ने उनके राजनैतिक विचारों की ठोसता को सही तरीके से दिखाया है। एक ऐसे आधुनिक राष्ट्र और एक आदर्श राज्य की उनकी धारणा जिसमें समुदाय, धर्म या जाति के आधार पर व्यक्तियों के बीच कोई भेदभाव नहीं किया जाता है··· यह बिल्कुल सही है कि वे चाहते हैं कि कांग्रेस धर्म, जाति या समुदाय से ऊपर उठकर सभी नागरिकों के समान अधिकारों के लिए लड़े।''

लाहौर में जब सावरकर ने लाला लाजपत राय की मूर्ति पर माल्यार्पण किया, तो अभूतपूर्व रूप से बहुत बड़ी भीड़ कई मिनट तक बिना रुके तालियाँ बजाती रही। ऐसी रिपोर्ट है कि तालियों की गूँज मीलों दूर तक सुनाई दी थी। उसी दौरे में एक अन्य भाषण में सावरकर ने कहा, ''जितना तुम हिंदू-मुसलिम एकता के पीछे दौड़तें हो, उतना ही यह तुमसे दूर भागती

है···" मुहम्मद अली जिन्ना का उल्लेख करते हुए, उन्होंने कहा, "वह और जिन्ना एक डाल के पंछी नहीं थे···"

भारत भ्रमण

पंजाब के बाद, सावरकर ने राजस्थान और फिर सिंध का दौरा किया। कराची में इतनी अधिक भीड़ थी कि जिस जुलूस में उन्हें सभा-स्थल तक ले जाया गया उसे पहुँचने में पाँच घंटे लग गए। इसका नेतृत्व गदर पार्टी के एक नेता बाबा मदन सिंह गाबा ने किया, जो अंडमान जेल में सावरकर के साथ थे।

सिंध के बाद, सावरकर ने हैदराबाद और महाराष्ट्र के कुछ भागों का दौरा किया। फरवरी 1933 में, सावरकर बंगाल में थे। उन्हें बहुत सहयोग प्राप्त हुआ। इसी दौरे के दौरान ही, डॉ. श्यामाप्रसाद मुकर्जी, जिन्होंने आनेवाले वर्षों में बहुत महत्त्वपूर्ण भूमिका निभाई, बड़े तौर पर राजनीति में चमककर उभरे। सितंबर 1939 में, सावरकर ने कर्नाटक और फिर महाराष्ट्र का दूसरा दौरा किया।

इन दौरों के दौरान सावरकर ने जिन विचारों को साँझा किया, उन्होंने अनेकों राष्ट्रीय समाचार-पत्रों का ध्यान अपनी ओर आकर्षित किया। जैसा कि 'अमृत बाजार पत्रिका' ने लिखा, "उनका हास्बोध तीखा, तर्क अकाट्य और व्यंग्य प्रभावशाली है··· जब वे एक शूरवीर विजेता के रूप में अपना संदेश देते हुए आगे बढ़ते हैं तो उनके भीतर जल रही विश्वास की लौ चारों तरफ एक आभामंडल छोड़ जाती है[51]"···जैसा कि एक समाचार-पत्र ने लिखा है कि समूचे भारत में सावरकर को एक ऐसे व्यक्ति के रूप में देखा गया, जो स्पष्ट बात कहने से नहीं डरते थे।

कांग्रेस का सावरकर को एक खतरे के रूप में देखना

अंग्रेजों की तरह कांग्रेस भी अब सावरकर को एक खतरे के रूप में

देखने लगी थी। इस प्रकार हम देखते हैं कि अपने एक दौरे से जब वह बॉम्बे वापस आए तो चिमनलाल सीतलवाड़, कौसजी जहाँगीर, एन.सी. केलकर, वी.एन. चंदावरकर और सावरकर समेत अनेक वरिष्ठ नेताओं ने बयान जारी किया, ''कांग्रेस सभी पार्टियों को नष्ट करके देश में कांग्रेस को ही एकमात्र पार्टी बनाने में यकीन रखती है।''[52]

कांग्रेस के साथ सावरकर के मतभेद का राजनैतिक ताकत और पद से कोई लेना-देना नहीं था। सावरकर तो इस दौड़ में शामिल ही नहीं थे। वस्तुतः यह तो मौलिक था। अपने पूरे जीवनकाल में सावरकर इसी बात पर अड़े रहे कि अल्पसंख्यकों की समस्या केवल इसलिए है कि कुछ गिने-चुने नेता इसे ऐसा मानते थे। यह खतरनाक मान्यता वास्तव में मुस्लिम लीग और कांग्रेस दोनों के कुछ विशेष नेताओं के अनुकूल थी। सावरकर के अनुसार यह सारी बात और अल्पसंख्यकों को दिए जाने वाले अतिरिक्त महत्त्व को गलत तरीके से लिया गया और यह भारत के हितों के विरुद्ध था। कीर के शब्दों में—

> ''सावरकर हिंदू-मुस्लिम एकता के पक्ष में थे और भारत के लिए एक वर्ग-विहीन समाज बनाना चाहते थे। वे मानते थे कि यह आत्मघाती और मूर्खतापूर्ण होगा कि अतीत की दुश्मनी और द्वंद्व को लेकर हम आज भी केवल इसलिए लड़ते रहे क्योंकि अतीत में शिवाजी और औरंगजेब ने ऐसा किया था। लेकिन वे मुगलों को खदेड़ने के लिए राजपूतों, सिखों और मराठों के अतीत के संघर्ष को न्यायोचित समझते थे, क्योंकि उनका मानना था, ''जब तक मुसलमान भारत में विदेशी शासकों की हैसियत से रहे, तब तक उनके साथ भाइयों की तरह रहने की इच्छा करना राष्ट्रीय कमजोरी का परिचायक है। इसलिए वे मुसलमानों के आधिपत्य या भारत के पृथक्करण की उनकी माँग को मानने के लिए हरगिज तैयार नहीं थे। वे तो ऐसी एकता

की कामना करते थे जो ऐसे भारत देश का निर्माण करने वाली हो जिसमें जाति, नस्ल या धर्म के भेदभाव से परे 'एक व्यक्ति एक वोट' के सिद्धांत पर सभी लोगों के साथ समान व्यवहार किया जाए। इस विचार में सावरकर, गोखले, फिरोजशाह मेहता, डॉ. एनी बेसेंट या डॉ. अंबेडकर की यथार्थवादी दृष्टिकोण से अधिक दूर नहीं थे। लेकिन सावरकर नहीं चाहते थे कि बहुसंख्यक उद्दंड अल्पसंख्यकों के सामने घुटने टेक दे। इसीलिए, उनका मानना था कि बहुसंख्यकों की तरफ से एकता को पाना इसे खो देता था।''[53]

यह कांग्रेस को राष्ट्रवाद का वे ब्रांड समझते थे जो संप्रदायवाद से अधिक घातक रूप में मातृभूमि के प्रति समर्पण की उपेक्षा करता था···अपने इन विचारों की उन्हें बड़ी कीमत चुकानी पड़ी··· पूरी कांग्रेस और प्रेस उन्हें एक प्रतिक्रियावादी और संप्रदायवादी के रूप में उनकी भर्त्सना करते हुए उनके विरुद्ध हो गई।[54]

हिंदू महासभा के एक साथी ने सावरकर को लिखे पत्र में चर्चा की कि वे कांग्रेस को कितना अस्वीकार करते थे, ''यह मायने नहीं रखता कि हम जीत जाएँ, लेकिन मायने यह रखता है कि हम बहादुरी से विरोध करें—कांग्रेस को यह पता होना चाहिए कि कुछ मुठ्ठी भर हिंदू सभा के लोग उन्हें भरपूर परेशानी में डाल देने में समर्थ हैं।''[55]

सावरकर का भारत

1. सावरकर के भारत में सभी नागरिकों को जाति, नस्ल या धर्म के भेदभाव के बिना समान अधिकार और कर्तव्य दिए जाएँगे बशर्ते वे देश के प्रति विशेष और सच्ची निष्ठा रखते हों।
2. सभी अल्पसंख्यकों को उनकी भाषा, धर्म, संस्कृति आदि की रक्षा के लिए प्रभावी संरक्षण दिया जाएगा लेकिन किसी को भी

देश के भीतर एक अलग देश बनाने और बहुसंख्यकों के वैधानिक अधिकारों का अतिक्रमण करने की अनुमति नहीं दी जाएगी।

3. उपासना, संघ बनाने की स्वतंत्रता आदि मौलिक अधिकार समान रूप से प्रदान किए जाएँगे। सार्वजनिक शांति और व्यवस्था को बनाए रखने के लिए उन अधिकारों पर जो भी प्रतिबंध लगाए जाएँगे वे किसी धर्म या नस्ल को देखते हुए नहीं, बल्कि साझे राष्ट्रीय हितों को ध्यान में रखते हुए होंगे।
4. जाति, नस्ल या धर्म के भेदभाव से परे 'एक व्यक्ति एक वोट' का सामान्य सिद्धांत रहेगा।
5. संयुक्त निर्वाचक मंडल होंगे।
6. सेवाओं में केवल योग्यता को आधार माना जाएगा।
7. प्राथमिक शिक्षा मुफ्त और अनिवार्य होगी।
8. हर अल्पसंख्यक समुदाय के लिए अलग विद्यालय होंगे ताकि वे अपने बच्चों को अपनी भाषा में प्रशिक्षित कर सकें और इसके लिए उनकी धार्मिक और सांस्कृतिक संस्थाओं को सरकारी सहायता भी मिलेगी, लेकिन हमेशा उसी अनुपात में जितना वे सामान्य खजाने में कर जमा कराएँगे।
9. अवशिष्ट शक्तियाँ केंद्र सरकार के पास निहित होंगी।
10. नागरी राष्ट्रीय लिपि, हिंदी राज-भाषा और संस्कृत भारत की देवभाषा होगी।

स्वतंत्रता और राष्ट्रवाद

सावरकर ने दो मूल सिद्धांतों को अपने राजनैतिक जीवन की नींव के रूप में अपनाया—भारत की स्वतंत्रता और अविभाज्यता। उनके अनुसार सिंधु नदी से लेकर हिंद महासागर तक भारत एक है। गांधी, जिन्ना, नेहरू जैसे नेताओं के साथ उनका मूल मुद्दा यही था कि वे मानते थे कि वे

लोग ऐसे रास्ते पर चल रहे थे जिससे आगे चलकर देश का बँटवारा हो जाएगा। उनका मानना था कि कांग्रेस द्वारा अपनाई जाने वाली नीतियाँ निश्चित रूप से स्वार्थी और अदूरदर्शी हैं। जैसे-जैसे स्वतंत्रता निकट आई तो वे उन पहले लोगों में थे जिन्होंने भारत की एकता और अखंडता पर मँडराने वाले खतरे को भाँप लिया था। जैसा कि उन्होंने बताया, कांग्रेस जितना ज्यादा देती, मुस्लिम लीग उतना ही अधिक माँग रखने लगते। उनके अनुसार कोई भी चीज जो भारत के बँटवारे की प्रक्रिया को रोकने वाली न हो इसकी समस्त नैतिक ताकत से भी परे, किसी भी तरह से स्वीकार्य नहीं थी। उनका विश्वास था कि देश का हित और इसकी अखंडता उन सभी नीतियों से कहीं अधिक महत्त्वपूर्ण थी जो दुनिया के लिए भले ही नैतिक दृष्टि से अच्छी दिखाई देती हैं, पर देश को नुकसान पहुँचाने वाली हों।

कश्मीर में

जुलाई 1942 में, सावरकर ने कश्मीर का दौरा किया। रास्ते में पड़ने वाले अमृतसर, लाहौर, वजीराबाद स्टेशनों पर भारी भीड़ ने उनका स्वागत किया। उन्होंने जम्मू में अनेकों सभाओं को संबोधित किया। वे 14 जुलाई को श्रीनगर पहुँचे और वहाँ तीन सभाओं को संबोधित किया। वे थके हुए थे और उनका स्वास्थ्य भी ठीक नहीं था, तो भी उन्हें एक बहुत बड़े जुलूस की शक्ल में ले जाया गया और लोग उनके पाँव छूने और उनकी एक झलक पाने के लिए पंक्तिबद्ध खड़े थे। बॉम्बे वापस आने पर सावरकर ने एक बयान जारी किया और चेतावनी दी कि किस प्रकार स्थिति नियंत्रण से बाहर जा सकती है यदि बहुसंख्यक (मुसलमान) आबादी विशेष तौर पर घाटी में अल्पसंख्यकों को दबाने की कोशिश करेगी। हमेशा की तरह, इस बार भी जैसा कि आनेवाला समय बताएगा, सावरकर की भविष्यवाणी बिल्कुल सही साबित हुई।

28 मई, 1943 को पूना में अब तक की शायद सबसे बड़ी सार्वजनिक सभा हुई। इसका आयोजन सावरकर के जन्मदिवस के उपलक्ष्य में एन.सी. केलकर की अध्यक्षता में सावरकर अभिनंदन समिति द्वारा किया गया। इसी समय के दौरान बंगाल बहुत बड़े अकाल की चपेट में आ गया। गिरते हुए स्वास्थ्य के बावजूद सावरकर ने लोगों को मदद करने के लिए प्रोत्साहित करने में अग्रणी भूमिका निभाई।

विभाजन के विरोध में बोलना

''आनेवाले कुछ महीनों में यह स्पष्ट हो गया कि भारत धीरे-धीरे विभाजन की ओर बढ़ रहा था। जिस प्रकार की राजनैतिक तस्वीर बन रही थी उसमें सावरकर के कुछ सबसे आक्रामक बयान जारी हुए। वे गांधी से बहुत ज्यादा नाराज थे। 13 अगस्त, 1944 को उन्होंने इस बात की ओर ध्यान आकर्षित किया कि किस प्रकार गांधी और कांग्रेस देश को एक ऐसे रास्ते पर चला रहे थे, जो निश्चित रूप से भारत के विभाजन की ओर ले जाएगा। लेकिन हमारी पवित्र मातृभूमि के टुकड़े करने का घोर पाप अभी उनके राजनैतिक जीवन को सुशोभित करने जा रहा है और वह भी अहिंसा, सत्य और भगवान के नाम पर।''[56]

7 अगस्त, 1944 को बंगाल के वरिष्ठ हिंदू महासभा नेता एन.सी. चटर्जी को भेजे गए टेलीग्राम में सावरकर ने कहा—

> ''यह जानना उत्साहजनक है कि हिंदू बंगाल भारत की अखंडता की रक्षा के लिए उठ खड़ा हुआ है। हमारे पूर्वजों ने पूर्व नियोजित बंगाल के विभाजन को कुचल दिया था। उनकी संतानों को भारत के इस प्रस्तावित विभाजन को कुचलकर रख देना होगा।''[57]

सावरकर ऐसे किसी भी प्रस्ताव या योजना के कट्टर विरोधी थे जिसमें भारत के विभाजन की थोड़ी सी भी संभावना हो। यह स्वाभाविक

ही था कि सी. राजगोपालाचारी और उनकी योजना से सावरकर अत्यंत क्रोधित हो गए। सी. राजगोपालचारी ने सावरकर से प्रश्न किया, "श्रीमान सावरकर का कहना है कि हिंदू संगठनवादियों का यह कर्तव्य है कि वे प्रस्ताव (पाकिस्तान के सुझाव) को ठुकरा दें, लेकिन भारतीय संगठनवादियों के कर्तव्य का क्या जिनका उद्‌देश्य केवल मुसलमानों के खिलाफ संगठित होना नहीं बल्कि स्वतंत्र होना है।"

सावरकर ने प्रत्युत्तर में सी. राजगोपालाचारी से प्रश्न किया कि क्या वे ज्यादा भारतीय संगठनवादी हैं, जो भारत के विभाजन का विरोध करते हों या वे जो इसका समर्थन करने वाले हों। उन्होंने अपनी बात जारी रखी—

> "कौन अधिक भारतीय संगठनवादी थे, वे जिन्होंने कसाई की छुरी को अपनी मातृभूमि की गरदन तक पहुँचाया है या वे जो इस कत्ल को रोकना चाहते थे।"[58]

सावरकर स्पष्ट रूप से अब एक हारे हुए उद्‌देश्य के लिए लड़ रहे थे। यहाँ तक कि वायसराय माउंटबैटन की विभाजन की योजना (3 जून, 1947) की घोषणा के पश्चात् भी सावरकर ने हिंदू महासभा से निवेदन किया (8 जून, 1947) कि वे इस भारत की 'मौत के फरमान' के लिए भागीदार न बनें। 2 अगस्त, 1947 को सावरकर ने पूना में एक बार फिर एक विशाल जनसभा को संबोधित किया। उन्होंने कहा कि आज जो परिस्थितयाँ हैं उनके लिए हालाँकि अधिकतर जवाबदेही तो कांग्रेस की ही है लेकिन आम लोग भी इसके लिए जिम्मेदार हैं क्योंकि उन्होंने पार्टी के खिलाफ समय रहते कोई कारवाई नहीं की थी। उन्होंने अपनी बात को स्पष्ट किया कि किस प्रकार बार-बार एक विशेष वर्ग के लोगों के तुष्टिकरण के कारण से संप्रदायवाद, एक इतने पुराने देश का विभाजन करने में सफल हो गया था।

एक हिंदू राष्ट्र क्यों नहीं

भारत की स्वतंत्रता और विभाजन के लगभग एक महीने बाद सावरकर ने विभाजन की अवधारणा और पाकिस्तान के निर्माण की आलोचना करते हुए एक बयान जारी किया। वास्तव में यह जवाहरलाल नेहरू के एक बयान की प्रतिक्रिया थी।

सावरकर ने 7 अक्तूबर, 1947 को एक बयान में नेहरू की बात का उत्तर दिया। उन्होंने यह कहते हुए अपनी बात शुरू की कि ऐसे समय में लोगों को अपना बचाव करने का पूरा अधिकार है जब सरकार ऐसा करने में असफल हो जाए। उन्होंने कहा कि जनसंहार के खतरे का सामना करते हुए हिंदू और सिख लोगों को अपनी जान बचाने के लिए लड़ना पड़ा और यह सब उस समय घटित हो रहा था जब कांग्रेसी भारत के विभाजन से मिली रक्तहीन क्रांति का जश्न मना रहे थे।''[59]

उन्होंने नेहरू पर यह आरोप लगाया कि वे चीजों को एक ही नजरिए से देख रहे थे—

> ''इन मिथ्या राष्ट्रवादियों के अनुसार हिंदू राज की माँग सांप्रदायिक, मूर्खतापूर्ण, मध्ययुगीन है··· क्या मुसलमानों ने पाकिस्तान को हासिल करने का दावा इस आधार पर नहीं किया था कि इस क्षेत्र में मुसलमान बहुसंख्यक समुदाय के रूप में थे··· एक मुस्लिम राज की माँग के विरुद्ध लड़ने की बजाय तुमने (नेहरू) वास्तव में भारत को संप्रदाय के आधार पर दो टुकड़ों में बाँटने का अपराध किया··· हिंदू संगठनों को इस प्रकार के कागजी शेरों से डराया नहीं जा सकता है··· इसलिए चुनाव दो व्यक्तित्वों के बीच नहीं, बल्कि दो विचारधाराओं के बीच है, भारतीय राज और हिंदू राज के बीच नहीं बल्कि मुस्लिम राज और हिंदू राज, अखंड हिंदुस्तान तथा अखंड पाकिस्तान के बीच है···''[60]

वर्तमान में सावरकर के विचार असंगत प्रतीत होते हैं, लेकिन यदि हम उस समय के संदर्भ में उन्हें पढें, जब देश के मुख्य भागों, विशेषकर उत्तर भारत में बहुसंख्यकों और अल्पसंख्यकों के बीच संदेह, अविश्वास, हिंसा और घृणा का वातावरण था तो हम पाएँगे कि सावरकर केवल उसी विचार की पुष्टि कर रहे थे जिससे उस समय में लोगों का एक बहुत बड़ा वर्ग सहमत था। सावरकर का यह बयान शायद उस उद्‌देश्य के समर्थन में सबसे अधिक चोट पहुँचाने वाला था, जिसके लिए वे सारा जीवन डटे रहे—हिंदू राज। इस ब्यान का संपूर्ण संस्करण 'मराठा' नामक समाचार-पत्र में प्रकाशित हुआ (25.9.1947) ।[61]

"जैसे कि मानो हिंदू राज की सिर्फ माँग में ही उनकी सरकार के लिए इतना बड़ा और निकट नजर आने वाला खतरा निहित था, जिसने पहले से ही स्थापित खतरे से भी ज्यादा, तुरंत उनका ध्यान आकर्षित किया। पाकिस्तान के मुस्लिम राज में जुनूनी मनमानापन, लूटपाट, खूनखराबा हर दिन की बात हो गई है··· पंडित नेहरू और कांग्रेस में उनके मिथ्या राष्ट्रवादियों का वर्ग हिंदुओं के खिलाफ व्यंग्य वीरगाथाएँ सुना रहे हैं और कसमें खा रहे हैं कि वे उन लोगों के विरुद्ध जी-जान से लडेंगे जो हिंदू राज की माँग करेंगे।"

पंडित नेहरू··· भूल रहे हैं कि हिंदू संगठनवादियों को उन सैकडों मँजे हुए अनुभवी लोगों द्वारा नेतृत्व प्राप्त हो रहा है, जो ब्रिटेन के खिलाफ भारतीय क्रांतिकारी ताकतों की अग्रगामी टुकड़ी का नेतृत्व करते हुए उस समय लड़े जब गांधीजी, राजनैतिक रूप से कहें तो अपनी शैशव अवस्था में थे और पंडित नेहरू तो अभी पैदा भी नहीं हुए थे। उनमें से अनेकों ने तलवारों और बंदूकों का डटकर सामना किया और भारत की स्वतंत्रता की लड़ाई में उनमें से प्रत्येक ने जो बलिदान दिए और जो यातनाएँ

सही, यदि सभी गांधीवादी मंत्रियों के बलिदानों को जोड़ लिया जाए तो भी उनका पलड़ा उस पर भारी पड़ता है। पंडित नेहरू और उनके कुनबे जैसे कागजी शेरों की धमकियों से उन्हें डराया नहीं जा सकता···

ये तथाकथित राष्ट्रवादी कहते हैं कि हिंदू राज की माँग सांप्रदायिक, मूर्खतापूर्ण, मध्ययुगीन और स्वयं मानवजाति के लिए खतरा है। तर्क की खातिर चलो मान भी लें कि इन सभी कारणों से हिंदू राज्य की माँग इस प्रकार के खंडन के योग्य है, लेकिन क्या हम उनसे पूछ सकते हैं कि क्या इन्हीं कारणों से मुस्लिम राज्य की माँग उतनी ही निंदनीय नहीं थी? क्या मुसलमानों का उन पाकिस्तानी प्रांतों को अपना बताने का दावा इस आधार पर नहीं था जो प्रांत मुस्लिम समुदाय के बाहुल्य वाले थे? तब कैसे उस सांप्रदायिक दावे को आप लोगों के द्वारा इतने आधारभूत राष्ट्रीय दावे के रूप में मान्यता दी गई कि एक स्वतंत्र मुस्लिम राज्य की गुंजाइश बनाने के लिए अपनी मातृभूमि के टुकड़े किए जा सकें। तब तुम लोगों ने उस 'सांप्रदायिक' दावे को 'मूर्खतापूर्ण' दावे के रूप में मानने से इनकार क्यों नहीं किया? क्या मुसलमानों की 'प्रत्यक्ष कारवाई' (Direct Action) इस बात को साबित करने के लिए काफी नहीं है कि उन्होंने जिस मुस्लिम राज्य की माँग की थी वह पूरी तरह से सिद्धांतवादी थी और जिसने मानव प्रगति की घड़ी की सुइयों को न केवल 'मध्ययुग' में बल्कि 'पाशविक युग' में धकेल दिया था? परंतु उस मुस्लिम राज की माँग के विरुद्ध लड़ने की बजाय तुम लोगों ने तो वास्तव में अखंड भारत को सीधे-सीधे सांप्रदायिक आधार पर दो टुकड़ों में काटने का अपराध किया है··· और किस मुँह से अब उन्हीं आधारों पर

हिंदू राज्य की माँग का विरोध कर सकते हैं, चाहे इसमें ऊपर दी गई सारी बातें शामिल क्यों न हों?

तुम आगे इस बात का भी खंडन करते हो कि हमारे देश को और हमारे राज्य को 'हिंदुस्तान' या 'हिंदू राज्य' नहीं कहा जा सकता है, क्योंकि बहुत से गैर हिंदू अल्पसंख्यक भी इसके नागरिक है। पर ऐसा कैसे है कि हिंदुओं, ईसाईयों, पारसियों और अन्य गैर-मुस्लिम समुदायों की उपस्थिति के बावजूद तुम सब और विशेषकर गांधीजी इस नव निर्मित मुस्लिम राज्ज को 'पाकिस्तान' के रूप में सलामी देते रहते हैं जिसका स्पष्टत: शाब्दिक अर्थ है—पवित्र मुस्लिम भूमि, मुस्लिम राज्य? क्या यह वास्तविकता नहीं है कि सभी राज्यों और राष्ट्रों को उन नामों से ही पुकारा जाता है जो प्रत्येक में 'राष्ट्रीय बहुसंख्यक' हों, जैसा कि लीग ऑफ नेशन्स ने परिभाषित किया है? गैर मुस्लिम अल्पसंख्यकों की उपस्थिति के बावजूद बलूचिस्तान, वजीरीस्तान, अफगानिस्तान, तुर्किस्तान या तुर्कराज्य को मान्यता देते हुए क्या तुम लोगों की आत्मा ने कभी तुम्हें झकझोरा नहीं है?…

इन सभी आलोचनाओं के बावजूद एक स्वतंत्र मुस्लिम राज्य के रूप में पाकिस्तान की तुम्हारी मान्यता का इतने ही पुरजोर तरीके से बचाव करने का एकमात्र कारण यही है कि तुम लोगों के समक्ष एक ही विकल्प था कि 'रक्तपात या पाकिस्तान' और इसलिए खून-खराबे से बचने के लिए तुम लोगों को पाकिस्तान की माँग को स्वीकार करना पड़ा। इस तथ्य को परे रखते हुए कि इस प्रकार का कायरतापूर्ण बहाना तुम्हारी हरकत का बचाव करने की बजाय उसकी निंदा अधिक करता है, हम केवल यह पूछना चाहते हैं कि यदि हिंदू भी 'रक्तपात या

हिंदुस्तान' का वही विकल्प तुम लोगों के समक्ष रखें तो क्या अनिच्छा से ही सही तुम लोग उतनी ही तत्परता से हिंदुस्तान को स्वीकार करने को मजबूर होगे?"

भारत के विभाजन और बाद की उथल-पुथल से लाखों परिवार उजड़ गए। एक अनुमान के अनुसार 500,000 लोग मारे गए। वास्तव में हर रेलवे स्टेशन और पंजाब का हर छोटा बड़ा शहर और दिल्ली के आसपास के क्षेत्र में शरणार्थी शिविर बने हुए थे।

महात्मा गांधी का निधन

सावरकर तब अपने बॉम्बे वाले घर (सावरकर सदन) में थे, जब उन्हें इस त्रासदी का पता चला। उन्हें गहरा धक्का लगा और उन्होंने इन शब्दों में अपनी प्रतिक्रिया व्यक्त की, "यह एक बुरी खबर थी।" तभी एक भीड़ ने उनके भाई डॉ. नारायण राव के घर का घेराव किया। उनके (नारायण राव) के सिर पर गहरी चोट लगी। सावरकर ने लोगों से शांति की अपील की और इस अपराध की निंदा करते हुए हिंदू महासभा की कार्यकारी समिति के औपचारिक बयान का अनुमोदन किया।

भारत सरकार ने 4 फरवरी, 1948 को हिंदू महासभा और राष्ट्रीय स्वयंसेवक संघ पर प्रतिबंध लगा दिया। पूरे भारत से 25000 के करीब लोगों को गिरफ्तार किया गया। इनमें से अधिकतर को केवल इसलिए कि वे इन संगठनों से जुड़े हुए थे। सावरकर को उनकी गिरफ्तारी के बाद बॉम्बे की आर्थर रोड जेल में रखा गया।

सावरकर को उन नौ लोगों की सूची में आरोपी नं. 8 के तौर पर दर्ज किया गया जिनके नाम गांधी को मारने के लिए 15 मई, 1948 के एक गजट सूचना-पत्र में प्रकाशित किए गए थे। मजे की बात तो यह है कि एक मौके पर अदालत इस बात को लेकर अनिश्चय की स्थिति में थी कि सावरकर पर मुख्य आरोपी के साथ ही मुकदमा चलाया जाए या अलग

से चलाया जाए। सावरकर को 24 मई, 1948 को दो डॉक्टरों और एक पुलिस दल के साथ विमान से दिल्ली लाया गया। संयोग से वे पहली बार हवाईजहाज में बैठे। सावरकर पर आरोप लगाया जाए या नहीं इसी फैसले को लेने में तीन महीने लग गए। मुकदमे की सुनवाई के दौरान 149 गवाहों से पूछताछ की गई।

20 नवंबर, 1948 को, सावरकर ने अदालत में अपने बचाव में 52 पृष्ठों का बयान पढ़कर सुनाया। उन्होंने कहा कि उन्होंने अपने ऊपर लगे आरोपों में से कोई भी अपराध नहीं किया था और उनके पास ऐसा करने का कोई कारण नहीं था। उन्होंने गांधी के साथ अपने पुराने संपर्कों और साथ ही मतभेदों के बारे में भी बताया। जब उन्होंने भारत के विभाजन-अपनी मातृभूमि के बँटवारे की घटनाओं को पढ़ना शुरू किया तो उनकी आँखों से आँसू लुढ़कने लगे। उन्होंने वर्णन किया कि किस प्रकार उनका इरादा तो हमेशा से केंद्र सरकार को मजबूत करने का रहा था न कि इसे कमजोर बनाने का और किस प्रकार हिंदू महासभा से यह उम्मीद जताई कि वह स्वतंत्रता के शुरुआती वर्षों में सरकार को उसके पैर जमाने में मदद करें। हिंदू महासभा ने अपने नेता डॉ. श्यामाप्रसाद मुकर्जी को केंद्रीय कैबिनेट में शामिल किए जाने के फैसले का स्वागत किया। उन्होंने इस बात पर भी ध्यान खींचा कि किस प्रकार उनके घर से 10,000 से भी अधिक दस्तावेज और पत्र बरामद किए गए थे और इस अपराध से उनका संबंध होने के बारे में एक भी शब्द नहीं मिला है। 10 फरवरी, 1949 को अदालत ने सावरकर को निरपराध घोषित कर दिया।''[62]

दूसरी बार एक आजाद व्यक्ति के तौर पर

सावरकर को निरपराध घोषित करते हुए और उनकी रिहाई के आदेश देते हुए अदालत ने कहा—

''सावरकर के विरुद्ध मुकदमा अनुमोदक बेंच के पक्ष पर

आधारित था'' केवल उसके पक्ष को आधार बनाकर निर्णय लेना असुरक्षित है।''

इसके पश्चात् एक के बाद एक रोचक घटनाएँ घटित हुईं। जैसे ही उनकी रिहाई का आदेश जारी हुआ, पुलिस ने सावरकर को 'पंजाब जन सुरक्षा विधेयक' के प्रावधानों के अंतर्गत बंदी बना लिया।[63] लेकिन ऐसा लगता है कि सरकार इस बारे में पूरी तरह से स्पष्ट नहीं थी कि वह सावरकर को किस प्रकार सँभाले। यदि उन्हें बंदी बनाया जाना है तो स्पष्ट तौर पर यह दिल्ली में होगा। पुनर्विचार करते हुए, उन्हें बॉम्बे भेजने का निर्णय लिया गया।

लाल किले की सुनवाई के दौरान अदालत परिसर के बाहर सावरकर की प्रतीक्षा करते हुए एक विशाल भीड़ जुटी हुई थी। पुलिस ने जैसे-तैसे चुपके से उन्हें वहाँ से निकालने का बंदोबस्त किया। उन्हें ट्रेन में बैठाकर बॉम्बे रवाना कर दिया गया और वह 12 फरवरी, 1949 को दादर स्टेशन पहुँचे।

सावरकर को पुलिसदल की अगुवाई में दिल्ली से बॉम्बे लाया गया। यह शक था कि रास्ते में उन पर हमला हो सकता था। इसके विपरीत उनका स्वागत करने के लिए हर स्टेशन पर भारी भीड़ थी। यहाँ तक कि दादर स्टेशन से उनके घर तक के पूरे रास्ते पर भी भारी भीड़ जमा थी।''[64]

जब हिंदू महासभा के अध्यक्ष एल.बी. भूपतकर और सावरकर के बचाव सलाहकार चाहते थे कि महासभा सरकार से इस बात का जवाब माँगे कि सावरकर पर मुकदमा चलाने की स्वीकृति किसने दी थी, तब सावरकर ने हस्तक्षेप किया और यह सुझाव दिया कि इस मामले को यही दबा दिया जाना चाहिए। उनका मानना था कि इस मामले में सरकार की ओर से कोई व्यक्तिगत प्रतिशोधात्मक उद्देश्य नहीं हो सकता था।

अपराध में सावरकर की संलिप्तता पर सरदार पटेल

यह जानना अत्यंत रोचक होगा कि डॉ. श्यामाप्रसाद मुकर्जी, जो उस समय नेहरू की सरकार में कैबिनेट मंत्री थे, और गृहमंत्री सरदार पटेल के बीच ठीक उसी समय-पत्र व्यवहार हुआ जिस समय महात्मा गांधी हत्याकांड से संबंधित आरोप-पत्र तैयार किया जा रहा था।

> "...प्रिय सरदारजी...मैंने आपको पत्र लिखा (और पटेल के निजी सचिव, शंकर से भी कहा)... मैं समझता हूँ कि इस सिलसिले में (वी.डी.) सावरकर के नाम का उल्लेख किया जा रहा है। मुझे नहीं मालूम कि उनके खिलाफ क्या सबूत मिले हैं। मुझे जरा भी संदेह नहीं है कि आप स्वयं को यह तसल्ली दोगे कि ऐसा कुछ नहीं किया गया है जो बाद में किसी ऐसे सुझाव को जन्म दे सके कि उन पर उनकी राजनैतिक धारणाओं के कारण ही मुकदमा चलाया जा रहा था... अतीत में उनके बलिदान और यातनाएँ बहुत महत्त्वपूर्ण रहे हैं और जब तक उनके खिलाफ कोई ठोस सबूत नहीं मिल जाए तब तक, इस आयु में उन पर हत्या का षड्यंत्र रचने का आरोप नहीं लगाया जाना चाहिए। मैं इस मामले को आपके फैसले पर छोड़ता हूँ..."[65]

सरदार पटेल ने 6 मई, 1948 को डॉ. मुकर्जी के पत्र का उत्तर दिया—

> "प्रिय श्यामाप्रसाद,...सावरकर की बाबत, बॉम्बे के महाधिवक्ता, जो इस मुकदमे के इंचार्ज हैं और दूसरे कानूनी सलाहकार और जाँच अधिकारी यहाँ आने से पहले मुझे दिल्ली में एक कॉन्फ्रेंस में मिले थे। मैंने उन्हें स्पष्ट तौर पर बता दिया था कि सावरकर के शामिल होने के मामले को पूरी तरह से वैधानिक और न्यायिक रूप से देखा जाना चाहिए और राजनैतिक मसलों को इसमें नहीं लाया जाना चाहिए। मेरे निर्देश बिल्कुल

> निश्चित और संदेह से परे थे और मुझे विश्वास है कि उन पर अमल किया जाएगा। मैंने उन्हें यह भी बता दिया है कि यदि वे इस निष्कर्ष पर पहुँचते हैं कि सावरकर को शामिल किया जाना चाहिए, तो भी कोई भी कारवाई करने से पहले सभी दस्तावेज मुझे दिखाए जाने चाहिए।[66]

यह स्पष्ट है कि अपराध में संलिप्त होने के लिए सावरकर को आरोपी ठहराया जाए या नहीं, इस सवाल पर सरदार पटेल बहुत फूँक-फूँक कर कदम रख रहे थे। लेकिन उन दस्तावेजों के हिसाब से जो आज भी पहुँच से बाहर हैं, यह स्पष्ट नहीं होता कि सावरकर पर मुकदमा चलाने और आरोप-पत्र में उनका नाम शामिल करने की स्वीकृति आखिर किसने दी थी। क्या जैसा कि डॉ. मुखर्जी को शक था, यह राजनैतिक निर्णय था?

महात्मा गांधी हत्याकांड के मुकदमे के समाप्त होने और सावरकर की रिहाई के साथ ही केंद्रीय गृहमंत्री सरदार पटेल को लगा कि उनका रवैया प्रतिशोधात्मक है। बड़े पैमाने पर राष्ट्रीय स्वयंसेवक संघ के स्वयंसेवकों की गिरफ्तारियों के संदर्भ में पटेल ने आर.एस.एस. के संबंध में सरकार की नीति की व्याख्या करते हुए लोकसभा में एक बयान दिया। उन्होंने कहा कि आर.एस.एस. में अत्यधिक सक्रिय को छोड़कर बाकी सभी विद्यार्थियों को रिहा किया जाएगा। 19 साल से कम उम्र वालों को बिना किसी लिखित गारंटी के ही छोड़ दिया जाएगा। उन्होंने सदन को यह भी बताया कि केंद्र शासित प्रांतों में 2200 आर.एस.एस. स्वयंसेवकों को गिरफ्तार किया गया है, 185 पर रोक लगाई गई है और 1845 को आरोपी घोषित किया गया है।[67]

आनेवाले महीनों में सावरकर अपने पुराने मित्रों के संपर्क में रहे, जिनमें तेजतर्रार अकाली नेता मास्टर तारा सिंह भी शामिल थे। अक्तूबर 1949 में सावरकर को एक पारिवारिक त्रासदी को झेलना पड़ा। उनके छोटे भाई (नारायण राव) का निधन हो गया। बहुतों का मानना था कि फरवरी 1948

में हुए भीड़ के हमले के सदमे से वे कभी उबर नहीं पाए थे।

हिंदू महासभा और आर.एस.एस., जिन पर प्रतिबंध लगा दिया गया था, उन्हें फिर से आजाद कर दिया गया। सावरकर ने कलकत्ता में (1949) महासभा के अधिवेशन में भाग लिया, जहाँ अभूतपूर्व तरीके से उनका स्वागत किया गया। वास्तव में उस समय का सावरकर का हर भाषण यह सिद्ध करता है कि वे भारत के विभाजन को कभी स्वीकार नहीं कर सके और यह भी कि भारत के टुकड़े करके ही पाकिस्तान का निर्माण करना पड़ा था।

एक बार फिर गिरफ्तारी

मार्च 1950 में पूर्वी बंगाल में बड़े पैमाने पर सांप्रदायिक दंगे फैल गए। लगभग उसी समय (अप्रैल) सावरकर को 'पूर्वी पंजाब हिंदू कॉन्फ्रेंस' में शामिल होने के लिए रोहतक आना था। तभी पाकिस्तान के प्रधानमंत्री ने बयान जारी किया कि इन दंगों में हिंदू महासभा का हाथ था। जब आरोप-प्रत्यारोप का यह सिलसिला चल रहा था, तब भारत और पाकिस्तान दोनों के प्रधानमंत्रियों ने मिलने और विभाजन से संबंधित कुछ अनसुलझे मुद्दों पर चर्चा करने का निर्णय लिया। ऐसे कारणों से, जो आज की तारीख तक भी अनुत्तरित हैं, सावरकर को 4 अप्रैल, 1950 से Preventive Detention Act के अंतर्गत गिरफ्तार कर लिया गया। 'The Free Journal... नामक पत्रिका, जो हिंदू महासभा की हितैषी नहीं थी, ने लिखा—"हिंदू महासभा और आर.एस.एस. के खिलाफ आक्रमकता का केवल एक ही निहितार्थ है। ...प्रीमियर नेहरू ने जो पाकिस्तान के तुष्टिकरण को चुना है... इसका दोहरा उद्देश्य है पहला तुष्टिकरण की नीति से भारत का ध्यान हटाना और दूसरा यह घबराहट फैलाना कि हिंदू षड्यंत्र चल रहा है और तुष्टिकरण की नीति के समर्थन में (प्रगतिशील) तत्त्वों को लामबंद करना।"[68]

द *ट्रिब्यून,* जिसे स्वतंत्रता संघर्ष के दिनों में उसकी महत्त्वपूर्ण भूमिका

के लिए गांधी द्वारा भी सम्मान की दृष्टि से देखा जाता था, ने इस मुद्दे पर विस्तार से बयान दिया। उसने लिखा, ''लंबे समय से खिंचा भारत-पाक संकट इस हफ्ते निर्णायक मोड़ पर पहुँच गया··· भारत के प्रधानमंत्री नेहरू और पाकिस्तान के प्रधानमंत्री लियाकत अली भेंट करने वाले हैं···'' इसने यह भी लिखा कि इस भेंट के लिए उचित वातावरण बनाने के लिए नेहरू ने पाकिस्तान के प्रधानमंत्री को आश्वासन दिया कि वह 'गलत हरकत करने वालों' के खिलाफ सख्त से सख्त कारवाई करेंगे।[69] अखबार ने एक कदम आगे बढ़ते हुए लिखा कि लियाकत अली पश्चिमी पंजाब में बड़े पैमाने पर हुए हिंदुओं के जनसंहार को शायद भूल गए थे।[70]

हैरानी न होगी कि लियाकत अली के दिल्ली आने से एक दिन पहले हिंदू महासभा के पाँच वरिष्ठ नेताओं को उसके अध्यक्ष डॉ. एन.बी. खरे सहित दिल्ली से बाहर निकाल दिया गया और उन्हें नागपुर ले जाया गया।[71] इसी पृष्ठभूमि में डॉ. श्यामाप्रसाद मुकर्जी ने भारत सरकार के मंत्री पद से त्यागपत्र दे दिया (4 अप्रैल, 1950) उसी दिन सावरकर, जो कि बॉम्बे में थे, को भी गिरफ्तार कर लिया गया। उसी समय हिंदू महासभा के वरिष्ठ नेता और संगठन के पूर्व अध्यक्ष भूपतकर को भी पूना में गिरफ्तार कर लिया गया। सावरकर पर हिंदुओं को मुसलमानों के खिलाफ भड़काने का आरोप लगाया गया।

सावरकर को परिषद् की ओर से दायर एक Habes Corpus याचिका के आधार पर उन्हें 13 जुलाई, 1950 को रिहा कर दिया गया। जिस बेहूदा बात को आधार मानकर भूपतकर और सावरकर को गिरफ्तार किया गया था, बॉम्बे उच्च न्यायालय द्वारा उसका भी संज्ञान लिया गया। भूपतकर और 'केसरी' के संपादक उसका जी.वी. केटकर के मामले में अदालत ने कहा, ''पूना के जिला न्यायधीश के आदेश अस्पष्ट हैं...''[72]

जहाँ तक सावरकर का सवाल था, जो कि पहले ही 70 की उम्र के हो चुके थे और अस्वस्थ भी रहते थे, अदालत ने उनकी रिहाई के

आदेश दिए और एक लिखित बयान लिया कि वे पूना छोड़कर नहीं जाएँगे और राजनैतिक गतिविधियों से दूर रहेंगें।''[73] सावरकर के कहीं भी आने-जाने पर लगी पाबंदी को एक साल बाद (जुलाई 1951) में हटा लिया गया।

हमने पहले भी देखा कि किस प्रकार जब सावरकर को गांधी हत्याकांड से बरी किया था, तब भी सरकार इस बात को लेकर अनिश्चय की स्थिति में थी कि उन्हें कैसे सँभाला जाए। वास्तव में 1950 में सावरकर की गिरफ्तारी इसी बात का एक अन्य उदाहरण था कि किस प्रकार सावरकर को लगातार खतरे के रूप में देखा जा रहा था। सावरकर के बारे में सरकार की यह सोच स्पष्ट रूप से गलत थी। पूरे देश भर में मिलने वाले आदर और सम्मान के बावजूद भी हिंदू महासभा और सावरकर दोनों ही इस स्थिति में तो कदापि नहीं थे कि वे उस समय (1950) कांग्रेस को कोई बड़ी राजनैतिक क्षति पहुँचा सकें। शायद कुछ नेताओं के स्तर पर ही यह एहसास किया जा रहा था कि सावरकर के रूप में कोई खतरा मौजूद था।

अपने आप में सिमट जाना

समय बीतने के साथ सावरकर उस उद्देश्य, जिसके लिए उन्होंने जीवनभर संघर्ष किया था, के प्रति समर्पित ताकतों के बीच राजनैतिक निर्णय और मार्गदर्शन का केंद्र-बिंदु रहे। राष्ट्रीय विचारधारा वाले नेता उनके पास नियमित रूप से आते थे।26 अगस्त, 1952 को डॉ. श्यामाप्रसाद मुकर्जी नए-नए स्थापित हुए 'जन संघ' के लिए आशीर्वाद माँगने हेतु उनके पास आए। अब तक सावरकर ने वक्तव्य देना शुरू कर दिया था जिन्हें बहुत सराहा जाता था। उनके वक्तव्यों का मुख्य विषय आमतौर पर भारतीय और विश्व इतिहास होता था। लगभग इसी समय के दौरान, सावरकर एक स्मारक का निर्माण करवाना चाहते थे जिसे वे उन क्रांतिकारियों के प्रति समर्पित करना चाहते थे, जिन्होंने भारत की स्वतंत्रता

के लिए अपने प्राणों का बलिदान दिया था। 10 मई, 1953 को नासिक में इस स्मारक का उद्‌घाटन किया गया।

अनेकों वर्षों की पीड़ा और यातनाओं से भरे कारावास के जीवन ने सावरकर के स्वास्थ्य पर बुरा प्रभाव डालना शुरू कर दिया था। अपनी युवावस्था के दिनों के विपरीत, वे उस प्रकार की पहुँच और गर्माहट पैदा करने में असमर्थ हो रहे थे, जो उन जैसी कद काठी वाले व्यक्ति में होना जरूरी था। अब प्रायः वह मनमौजी की तरह रहते थे और अधिकतर अपने ही गहन विचारों में खोए रहते थे। जब देश-विदेश से लोग उनसे मिलने और उनका साक्षात्कार लेने आते तो वे इसमें कम ही रुचि दिखाते।

1945 के शुरू में जब वे कलकत्ता में हिंदू महासभा की बैठक में उपस्थित न हो सके तो टेलीग्राम भेजकर एन.सी. चटर्जी को बताया, "उपस्थित नहीं हो सकता, मेरा स्नायु तंत्र पूरी तरह ध्वस्त हो गया है..."[74]

ऐसा क्यों हुआ कि उनके जैसा एक आक्रामक व्यक्ति सबसे अलग-थलग अपने ही खोल में सिमट कर रह गया? घटनाएँ जिस तरीके से मोड़ ले रही थीं, संभव या शायद स्पष्ट कारण यही हो सकता था। वे असहाय होकर सब देखते रहे। जन जीवन में भ्रष्टाचार एक आम बात हो गई थी। वोट बैंक की राजनीति के लिए तुष्टिकरण एक अपवाद की बजाय अब एक नियम तथा प्रचलन बन चुका था। जाति और संप्रदाय के विचार राजनैतिक जीवन का मूल मंत्र बन गए थे। जैसा कि हमने देखा कि सावरकर ने अपने पूरे जीवन में भारत को इन बुराइयों से दूर रखने के लिए कड़ा संघर्ष किया था।

उनका यह एकांतवास वस्तुतः अनेकों वर्षों में पला बढ़ा था। उन्होंने शुरू से ही सादा जीवन व्यतीत किया था। अनेक लोग, जिन्हें उनसे मिलने का मौका मिला था, वे उनकी सादगी को देखकर हैरान होकर लौटते थे। उदाहरण के लिए—खाने में उनकी कोई विशेष पसंद या नापसंद नहीं थी। वे मछली और चिकन खाना पसंद करते थे और कभी-कभार व्हिस्की

लेते थे, जिसकी आदत उन्हें यूरोप में रहते हुए लगी थी। वे कोई संगीत प्रेमी नहीं थे, लेकिन कभी-कभार कोई धुन या अपनी कोई कविता गुनगुना लेते थे। लेकिन उन्हें पढ़ना सबसे अधिक प्रिय था।

वे अपने साथ मुलाकात के लिए तय समय के संबंध में बहुत सजग थे। यहाँ तक कि बहुत महत्त्वपूर्ण लोग भी यदि पहले से समय तय किए बिना आ जाए तो उन्हें भी अकसर उनसे बिना मिले लौटना पड़ता था। वे किसी भी प्रकार की खाली समय को बिताने वाली गपशप में शामिल नहीं होते थे जो उस समय सार्वजनिक जीवन में लोगों के बीच बहुत प्रचलित थी। एक विशेष आदत जो पूरा जीवन उनके साथ बनी रही वह थी—विस्तृत ब्योरे के प्रति उनका लगाव। वे किसी भी गलती को बर्दाश्त नहीं कर सकते थे। उन्होंने न केवल अपनी पुरानी और एक जीवन भर से चली आ रही पढ़ने की, बल्कि बहुत ही ध्यानपूर्वक सभी पत्रों का उत्तर देने की आदत को भी बरकरार रखा। वे जो कुछ भी लिखते थे उसकी महत्त्वपूर्ण पंक्तियों को रेखांकित भी कर लेते थे। जिस चीज से उन्हें सबसे अधिक नफरत थी वह थी झूठी लोकप्रियता हासिल करना, दिखावा करना और जनता की भावनाओं से खेलना, जो राजनैतिक नेताओं के बीच बिल्कुल आम बात हो गई थी।

इन अंतिम वर्षों के दौरान सावरकर छुआछूत को समाप्त करने के प्रति दृढसंकल्प बने रहे। वह छुआछूत को समाप्त करने के लिए प्रभावी कानूनों को बनाने और उन्हें लागू करने का जबरदस्त समर्थन करने वालों में से थे। जब पिछड़ा वर्ग आयोग (1954) के एक सदस्य ने उनसे सलाह माँगी तो उन्होंने ऐसे लोगों के लिए, जो जाति-पाति के विभाजनों को प्रोत्साहन देते हों, कठोर सजा देने का सुझाव दिया। 1956 का वर्ष उनके आदर्श पुरुष लोकमान्य तिलक की जन्मशती का वर्ष था। इस अवसर पर पूना में आयोजित एक विशाल रैली में वे मुख्य वक्ता थे। हालाँकि उन्हें इस बात का दुख था कि इस प्रकार के ऐतिहासिक मौके के लिए मुख्य आयोजन दिल्ली में नहीं किया गया।

1857 की शताब्दी

1957 का वर्ष महान् ब्रिटिश विरोधी विद्रोह का शताब्दी वर्ष था। 12 मई, 1957 को सावरकर स्वतंत्र भारत के स्वतंत्र नागरिक की हैसियत से पहली बार दिल्ली आए थे। उन्हें पुरानी दिल्ली के अनेक भागों से होते हुए एक विशाल जुलूस की शक्ल में सभास्थल तक लाया गया।

दिलचस्प बात ये थी कि आयोजकों ने नेहरू को भी कार्यक्रम में उपस्थित रहने के लिए आग्रह किया था। ऐसा कहा जाता है कि नेहरू ने विनम्रता के साथ यह कहते हुए इस आग्रह को ठुकरा दिया था कि उनके मन में सावरकर, जो कि एक महान् वीर पुरुष थे के प्रति बहुत सम्मान था। उन्होंने कहा कि उनके सावरकर के साथ अपने कुछ मतभेद हैं जिनके चलते हम दोनों—यानी नेहरू और सावरकर के लिए एक ही मंच से बोलना हमें संकोच में डाल देगा। सावरकर को प्रधानमंत्री की इस प्रतिक्रिया से जरा भी आश्चर्य नहीं हुआ। अब तक सावरकर बहुत ही नरम व्यक्ति बन चुके थे, हालाँकि उनके भाषणों की विषयवस्तु पहले की भाँति उतनी ही आक्रामक होती थी। अपने अंतिम समय तक वे यही मानते रहे कि देश के बँटवारे की माँग को मानकर कांग्रेस ने देश को ऐसी क्षति पहुँचाई है जिसकी भरपाई कभी नहीं की जा सकती। उनका मानना था कि यह एक ऐसी क्षति थी, जिसका एहसास समय बीतने के साथ लोगों को अपने आप ही हो जाएगा।

अपने गिरते स्वास्थ्य के बावजूद सावरकर ने अपने सम्मान में आयोजित सार्वजनिक कार्यक्रमों में शामिल होना जारी रखा। इन्हीं कार्यक्रमों में उनकी 75वीं वर्षगाँठ (मई 1958) का आयोजन भी था। अक्तूबर 1959 में उन्हें Doctor of Letter की डिग्री प्रदान करने के लिए पूना विश्वविद्यालय द्वारा आयोजित दीक्षांत समारोह में बुलाया गया, लेकिन वे इसमें शामिल नहीं हो सके। नागपुर विश्वविद्यालय पहले से ही उन्हें यह डिग्री प्रदान कर चुका था।

अंतिम वर्ष

1962 तक सावरकर पूरी तरह बिस्तर पकड़ चुके थे। वे इतने अधिक बीमार थे कि जब राष्ट्रीय स्वयंसेवक संघ के सरसघंचालक माधवराव सदाशिवराव गोलवलकर ने उन्हें संघ के संस्थापक डॉ. केशवराव बलिराव हेडगेवार की स्मृति में आयोजित कार्यक्रम में शामिल होने के लिए निमंत्रण भेजा तो पूरे मन से उसे स्वीकार करने की इच्छा होते हुए भी वे ऐसा नहीं कर सके।

1962 में भारत पर चीन के हमले से उन्हें गहरा धक्का लगा। उन्हें और भी ज्यादा धक्का इसलिए लगा क्योंकि डॉ. अंबेडकर की भाँति वे भी उन कुछ लोगों में से थे जो काफी समय से इस दुर्घटना की भविष्यवाणी कर रहे थे। उनकी जीवनी के लेखक कीर, जो कि सावरकर के साथ लगातार संपर्क बनाए हुए थे, बताते हैं, ''दिसंबर 1962 में जैसे ही चीन के खिलाफ बड़ी सैनिक क्षति की खबर देश को मिली तो सावरकर एक घंटे तक रोते रहे।''[75] 8 नवंबर, 1963 को सावरकर की पत्नी का देहांत हो गया, जो उनके लिए एक बहुत बड़ा भावनात्मक सदमा था।

हमारे आज के नेताओं के लिए यह हैरानी की बात हो सकती है कि सावरकर ने सीमित साधनों के साथ एक अत्यंत सादा जीवन व्यतीत किया था और अपने जीवन के अंतिम वर्षों में वे अत्यंत वित्तीय संकट में थे। वस्तुत: अक्तूबर 1964 के बाद से महाराष्ट्र सरकार को उनके परिवार को 300 रुपये प्रतिमाह का भत्ता देना पड़ा था। ब्रिटिश सरकार द्वारा जब्त की गई उनकी अधिकतर संपत्ति अभी तक वापस नहीं की गई थी। यहाँ तक कि युवा अटल बिहारी वाजपेयी जो उस समय संसद् सदस्य थे, को उनकी उस संपत्ति को जिसे अंग्रेजों ने 1910-11 में जब्त कर लिया था, वापस लौटाने के लिए सरकार से पुरजोर अपील करनी पड़ी थी।

1965 की शुरुआत में, ऐसा प्रतीत होता है कि प्रकृति यह सुनिश्चित

कर रही थी कि सावरकर अपनी एक और भविष्यवाणी को सच होते हुए देखने के लिए जिंदा थे। उन्होंने पहले चीन का हमला देखा और अब (सितंबर 1965) पाकिस्तान का। सौभाग्यवश, इस बार कहानी अलग थी। लालबहादुर शास्त्री के नेतृत्व में दुश्मन को करारा जवाब दिया गया। अपनी 'मातृभूमि' की सुरक्षा के सवाल पर सावरकर कोई भी समझौता करने को तैयार नहीं थे। उन्होंने इस कठोर प्रतिक्रिया के लिए शास्त्रीजी की प्रशंसा की।

फरवरी 1966 की शुरुआत से ही सावरकर का स्वास्थ्य तेजी से गिरने लगा था। जैसे ही उनकी खराब सेहत की खबर फैली, बड़ी संख्या में लोग सावरकर सदन के सामने जमा होने लगे। आगंतुकों में शामिल थे—मंत्री, विधायक, व्यापारिक घरानों के पुरुष और महिलाएँ और नि:संदेह वे सभी जो उन्हें वर्षों से जानते थे। यह जगह पूरे महाराष्ट्र से आनेवाले लोगों के लिए एक प्रकार से तीर्थस्थल जैसा बन गया था। केंद्रीय गृहमंत्री गुलजारी लाल नंदा को शायद भनक लग गई थी कि सावरकर का परिवार वित्तीय संकट से गुजर रहा है। नंदा ने सावरकर की चिकित्सा व्यवस्था के लिए 1000 रुपए की राशि उनके परिवार को भेजने को प्रबंध किया। परिवार को यह रकम किस्तों में पहुँचाई गई। यह छोटी सी घटना उस उच्च स्तर की ईमानदारी समझने के लिए बहुत महत्त्वपूर्ण है जिसे सार्वजनिक जीवन में सावरकर ने अपने लिए स्थापित किया था।

सावरकर ने शायद 1964 में अपनी वसीयत लिखी थी। उनके निधन (26 फरवरी, 1966) के बाद *द ट्रिब्यून* द्वारा इस वसीयत के कुछ अंशों को सार्वजनिक किया गया। यहाँ भी पूरी तरह से उनकी तर्कवादी विचार प्रक्रिया सामने आती है। उन्होंने निर्देश दिया था कि लोग उनकी मृत्यु का शोक मनाने के लिए न तो अपना काम-धंधा बंद करें, न हड़ताल करें, न ही लोगों को किसी भी किसी प्रकार की असुविधा होने दें। उन्होंने यह

भी निर्देश दिया कि उनका दाह संस्कार विद्युत् शवदाह गृह में बिना किसी कर्मकांड के किया जाए। ज्यादा हो तो कुछ वैदिक मंत्रों का उच्चारण किया जा सकता है। उन्होंने कहा कि कोई 'पिंड दान' न किया जाए और उनके शव को जितना हो सके साधारण तरीके से मोटर द्वारा दाह संस्कार के लिए ले जाया जाए। ऐसे थे ये महान् व्यक्ति!

26 फरवरी, 1966 को सुबह 11 बजे सावरकर का निधन हो गया। वे 83 वर्ष के थे। ऐसी रिपोर्ट है कि उनकी शवयात्रा में 200,000 से भी अधिक लोग शामिल हुए। राष्ट्रीय मीडिया ने भी उन्हें यथायोग्य कवरेज दिया। इसी प्रकार सैद्धांतिक विचारों से परे अनेकों नेताओं ने भी उन्हें श्रद्धांजलि अर्पित की।

राष्ट्रपति डॉ. एस. राधाकृष्णन के शब्दों में—

"आरंभिक क्रांतिकारियों में से एक। भारत के धीर-गंभीर और सुदृढ कार्यकर्ता, उनका जीवन और अध्यावसाय सुप्रसिद्ध है।"[76]

प्रधानमंत्री इंदिरा गांधी ने अपने संदेश में कहा—

"...उनके निधन ने समकालीन भारत की एक महान् विभूति को हम सब के मध्य से हटा दिया... देशभक्ति और साहस का दूसरा नाम... उत्कृष्ट क्रांतिकारिता के सांचे में ढला... असंख्य लोगों ने उनसे प्रेरणा प्राप्त की..."[77]

रक्षामंत्री वाई.वी. चह्वाण ने कहा—

"देश ने अपने महानम स्वतंत्रता सैनानियों में से एक को खो दिया है, एक ऐसा व्यक्ति जिसने ब्रिटिश शासन की अवहेलना की और अपने देश के लिए घोर यातनाएँ सहन कीं..."[78]

जिस दिन सावरकर का निधन हुआ, उस दिन राष्ट्रीय स्वयंसेवक संघ के सरसघंचालक एम.एस. गोवलकर मदुरई में थे। प्रेस को जारी

किए अपने ब्यान में गोवलकर ने कहा—

"सावरकर के निधन के साथ ही एक अनवरत स्वतंत्रता सैनानी के तूफानी जीवन का पटाक्षेप हो गया है... मृत्यु ने एक असाधारण जीवन पर अपनी मोहर लगा दी है, भगवान् करे उनका यातनाओं और बलिदानों से भरा जीवन प्रेरणा का अनंत स्रोत बना रहे..."[79]

द टाइम्स ऑफ इंडिया अखबार ने अपने संपादकीय में लिखा—

"विनायक दामोदर सावरकर अपनी अंतिम साँस तक एक विद्रोही और क्रांतिकारी थे। उन्हें विवादों से घिरे रहने का चस्का था, जिसमें अपनी उत्साह से भरपूर देशभक्ति और समर्पण की भावना से उन्होंने जान फूँक दी। इतिहास हमेशा उन्हें एक विलक्षण भारतीय के रूप में सलामी देगा, एक ऐसा व्यक्ति जिसका इतने उतार-चढ़ाव देखने के बावजूद भी अपने देश की नियति पर अटूट विश्वास बना रहा। उनका जीवन एक महागाथा की तरह है। उनकी कथनी और करनी में समानता थी। इसीलिए ब्रिटिश राज ने उन पर कभी दया नहीं दिखाई... भारतीय राजनैतिक चिंतन के लिए उनका सबसे उल्लेखनीय योगदान था—देश की सीमाओं की सुरक्षा पर अत्यधिक बल देना... उनकी निर्भीक आत्मा आनेवाली पीढ़ियों को झकझोरती रहेगी।"[80]

ऑर्गेनाइजर ने लिखा—

"विनायक दामोदर सावरकर अब नहीं रहे, एक असाधारण व्यक्ति, गुजर गया है... चिलचिलाती धूप और रात के बावजूद भी हजारों लोग खड़े रहे, जीवन के अनेकों क्षेत्रों से एक लाख से अधिक लोगों ने शवयात्रा में भाग लिया। विडंबना यह रही

एक भी मंत्री शामिल नहीं था। राष्ट्रीय स्वयंसेवक संघ ने बॉम्बे सैंट्रल स्टेशन के पास आयोजित एक औपचारिक कार्यक्रम में 'जनता का भारत रत्न', 'अमर रहे', के गगन भेदी नारों के साथ उन्हें अंतिम 'प्रणाम' दिया। यह आम आदमी का दिल्ली के मुगलों को यह बताने का एक तरीका था कि वे सावरकर के बारे में क्या सोचते थे और सरकार के बारे में क्या सोचते थे…"[81]

जब मैं इस बात पर विचार कर रहा था कि ऐसे महान् व्यक्तित्व के इस संक्षिप्त से परिचय का समापन किस प्रकार करूँ तो अचानक से मुझे सावरकर द्वारा अमरावती के किसी श्रीपत बाबाराव खापर्डे को लिखा एक पत्र मिल गया। इसकी माइक्रोफिल्म बामुश्किल पढ़ने लायक है। 24 नवंबर, 1944 को लिखे पत्र की विषयवस्तु भारत की स्वतंत्रता के लिए सावरकर की प्रतिबद्धता के साथ-साथ उनकी जीवन, मृत्यु और आत्मा की मुक्ति पर भी उनकी समझ को सही मायने में प्रतिबिंबित करती है। खापर्डे, एक मित्र और हिंदू महासभा के कार्यकर्ता के तौर पर सावरकर को शायद यह बताते हुए प्रतीत होते हैं कि वे महासभा के लिए काम करते हुए लंबे प्रवास के बाद थक गए थे।

"तुम शायद अपनी यात्राओं से थके हुए प्रतीत होते हो… लेकिन यह आत्मा हमारे शरीर से ज्यादा मजबूत है और कभी-कभी मैं सोचता हूँ कि जब कभी हम शारीरिक रूप से न केवल थके हुए और बुझे हुए होंगे और अपनी अंतिम साँसें लेते हुए बिस्तर पर लेटे होंगे तब भी यह आग नहीं बुझेगी, बल्कि एक ऐसे अग्निकांड के रूप में इस तरह से भड़क उठेगी जैसी हमारे पूरे जीवन में नहीं भड़की होगी। एक हिंदू तो अपनी मृत्यु के बाद भी आत्मा की लपटों में ऊपर उठता है, इसलिए हमारे जीवन के लक्ष्य के काम को छोड़ने का प्रश्न ही नहीं उठता…"[82]

साभार : इंदिरा प्रकाश कलेक्शन, फोटो आर्काइव, नेहरू मेमोरियल लाइब्रेरी ऐंड म्यूजियम, नई दिल्ली

इस दुर्लभ फोटो में (1901) वी.डी. सावरकर बाँए से दूसरे नंबर पर बैठे दिखाई देते हैं। यह शायद '*मित्र मेला*' (फ्रैंडस सोसाइटी) की पहली तस्वीर है, जिसकी स्थापना सावरकर ने 1899 में की थी। इस फोटो में अन्य लोग हैं—सावरकर की दाईं ओर वर्मन शास्त्री दातार और उनकी बांई ओर वी.एम. भट्ट और अप्पवर्तकर। एक जैसी टोपी और कपड़ों को देखिए।

साभार : इंदिरा प्रकाश कलेक्शन, फोटो आर्काइव, नेहरू मेमोरियल लाइब्रेरी ऐंड म्यूजियम, नई दिल्ली

12 मई, 1952 को पूना (पूणे) में अभिनव भारत की एक बैठक में वी.डी. सावरकर। राष्ट्रीय स्वयंसेवक संघ के सरसंघचालक मा.स. गोलवलकर भी दिखाई दे रहे हैं।

साभार : *इंद्र प्रकाश कलेक्शन, फोटो आर्काइव,*
नेहरू मेमोरियल लाइब्रेरी ऐंड म्यूजियम, नई दिल्ली

1857 के विद्रोह के शताब्दी समारोह के मौके पर नई दिल्ली में आयोजित एक कार्यक्रम में वी.डी. सावरकर। उनकी दाई ओर हैं—इंद्र प्रकाश और उनकी बाई ओर हैं—गोकुलचंद नारंग।

□

संदर्भ

1. धनन्जय कीर, *वीर सावरकर,* (बांबे, 1966), आमुख।
2. कीर, *वीर सावरकर,* पृ. 4।
3. द *ट्रिब्यून* (लाहौर, 5 जनवरी, 1911)
4. कीर, *वीर सावरकर,* पृ. 15।
5. द *ट्रिब्यून,* 27 फरवरी, 1966।
6. कीर, *वीर सावरकर,* पृ. 38।
7. *सिलेक्टेड वर्क्स ऑफ वीर सावरकर,* भाग-1, *द इंडियन वार ऑफ इंडिपेंडेंस: 1857* (चंडीगढ़ 2007), प्रीफेस।
8. वही, पृ. 72।
9. वही, पृ. 188-190।
10. वही, पृ. 274।
11. वही, पृ. 152।
12. वही, पृ. 14।
13. वही।
14. द *ट्रिब्यून,* 5 जनवरी, 1911।
15. सावरकर, *द इंडियन वार ऑफ इंडिपेंडेंस : 1857,* पृ. 190।
16. द *ट्रिब्यून,* 27 फरवरी, 1966।
17. चित्र गुप्ता, *बैरिस्टर सावरकर,* पृ.135, उद्धृत कीर।
18. द *ट्रिब्यून,* 24 जुलाई, 1910।
19. वही।
20. द *ट्रिब्यून,* 28 दिसंबर, 1910।
21. वही, 1 फरवरी, 1911।
22. सावरकर, *माई ट्रासंपोर्टेशन फॉर लाईफ,* पृ. 59।
23. वही, पृ. 112।
24. वही, पृ. 111-113।
25. वही, पृ. 140।
26. वही, पृ. 141।

27. वही, पृ. 135–136।
28. वही।
29. वही, पृ. 266।
30. वही, पृ. 311–312।
31. वही, पृ. 404।
32. वही, पृ. 479।
33. वही, पृ. 485।
34. वही, पृ. 483।
35. *सिलेक्टेड वर्क्स ऑफ वीर सावरकर,* भाग–11, लेटर्स फ्रॉम अंडमान ऐंड निकोबार (चंडीगढ़ 2007), पृ. 426–427।
36. वही।
37. सावरकर जीवन भर नौजवानों (विशेषकर हिंदुओं) को सस्शत्र सैनाओं में शामिल होने की आवश्यकता पर बल देते रहे। हिंदू महासभा के अध्यक्ष को 18 अक्तूबर, 1945 को लिखे पत्र को देखिए, सावरकर पेपर्स, रील नं. 29 (नेहरू मेमोरियल म्यूजियम ऐंड लाइब्रेरी, नई दिल्ली—एन.एम.एम.एल.)।
38. लेटर्स फ्रॉम अंडमान, पृ. 438–440।
39. सावरकर, *माई ट्रासंपोर्टेशन फॉर लाईफ,* पृ. 530।
40. वही, पृ. 531।
41. प्राइवेट पेपर्स ऑफ वी.डी. सावरकर, रील नं. 22, आर–6449 (एन.एम.एम.एल.)।
42. लैटर ऑफ पी.बी. मालाबारी, रजिस्ट्रार, बॉम्बे हाई कोर्ट, 17 अप्रैल, 1925, प्राइवेट पेपर्स ऑफ वी.डी. सावरकर, रील नं. 22, आर–6449 (एन.एम.एम.एल.)।
43. लेटर ऑफ डिप्टी सेक्रेटरी, होम डिर्पाटमेंट, 28 मार्च, 1925, प्राइवेट पेपर्स ऑफ वी.डी. सावरकर, रील नं. 22, आर–6449 (एन.एम.एम.एल.)।
44. वही, लेटर ऑफ डिस्ट्रिक्ट मजिस्ट्रेट, रत्नागिरी, 10 मई, 1937।
45. कीर, *वीर सावरकर,* पृ. 177।
46. *सिलेक्टेड वर्क्स ऑफ वीर सावरकर,* हिंदू राष्ट्रीय दर्शन, पृ. 259।
47. प्राइवेट पेपर्स ऑफ वी.डी. सावरकर, रील नं. 29, आर–6456 (एन.एम.एम.एल.)।
48. हिंदू राष्ट्रीय दर्शन, पृ. 264।
49. वही, पृ. 440।
50. सावरकर, *एसेंशियल्स ऑफ हिंदुत्व,* कलैक्टेड वर्क्स, भाग–4, खंड–3, पृ. 460–461।
51. कीर, *वीर सावरकर,* पृ. 253।
52. पी.आर. लेले, *वार ऐंड इंडियाज फ्रीडम,* पृ. 89, उद्घृत वही, पृ. 245।
53. कीर, *वीर सावरकर,* पृ. 270।
54. द *ट्रिब्यून,* 27 फरवरी, 1966।

55. प्राइवेट पेपर्स ऑफ वी.डी. सावरकर, रील नं. 29, आर-6459 (एन.एम.एम.एम)।
56. कीर, *वीर सावरकर,* पृ. 355।
57. प्राइवेट पेपर्स ऑफ वी.डी. सावरकर, रील नं. 29, आर-6456, एन.सी. चटर्जी को भेजा गया टेलीग्राफ (एन.एम.एम.एम)।
58. कीर, *वीर सावरकर,* पृ. 356।
59. *हिंदुस्तान टाइम्स,* 8 अक्तूबर, 1947; *ऑर्गेनाइजर,* 9 अक्तूबर, 1947।
60. वही
61. *सिलेक्टेड वर्क्स ऑफ वीर सावरकर* (खंड-111) मिसलेनियस स्टेटमेंटस एंड राइटिंग्स, पृ. 536-538।
62. मेरी ही पुस्तक, *असैसीनेशन ऑफ महात्मा गांधी ऐंड पॉलिटिक्स ऑफ बैंनिग द आर.एस.एस.,* अखिल भारतीय इतिहास संकलन योजना, 2015।
63. द *ट्रिब्यून,* 11 फरवरी, 1949।
64. *स्टेटसमैन,* 13 फरवरी, 1949।
65. सरदार पटेल्स कॉरसपोंडेन्स, भाग-6, पृ. 63-64।
66. वही, पृ. 65-66।
67. वही, 15 फरवरी, 1949।
68. फ्री प्रेस जर्नल, 5 अप्रैल, 1950।
69. द *ट्रिब्यून,* 1 अप्रैल, 1950।
70. वही।
71. वही, 2 अप्रैल, 1950।
72. वही, 13 जुलाई, 1950।
73. वही।
74. प्राइवेट पेपर्स ऑफ वी.डी. सावरकर, रील नं. 29, आर-6456, टेलीग्राम, 5 सितंबर, 1945 (एन.एम.एम.एम)।
75. कीर, *वीर सावरकर,* पृ. 528।
76. द *ट्रिब्यून,* 27 फरवरी, 1966।
77. वही।
78. वही।
79. वही, 28 फरवरी, 1966।
80. उद्धृत, कीर, *वीर सावरकर,* पृ. 546।
81. द *ऑर्गेनाइजर,* 6 मार्च, 1966।
82. प्राइवेट पेपर्स ऑफ वी.डी. सावरकर, रील नं. 29, आर-6456 (एन.एम.एम.एल.)।

□□□